大方廣佛華嚴經 讀誦 53

🪷 일러두기

1. 『독송본 한문·한글역 대방광불화엄경』은 실차난타가 한역(695~699)한 80권 『대방광불화엄경』의 한문 원문과 한글역을 함께 수록한 것이다. 한문에는 음사와 현토를 부기하였다.

2. 원문의 저본은 고종 2년(1865) 월정사에서 인경한 고려대장경 『대방광불화엄경』에 한암 스님이 현토(1949년)한 것을 범룡 스님이 영인 출판(1990년)한 『대방광불화엄경』이다.

3. 한문은 저본에서 누락되었거나 글자가 다르다고 판단된 부분은 저본인 고려대장경 각권의 말미에 교감되어 있는 내용을 중심으로 하고 봉은사판 『대방광불화엄경수소연의초』와 신수대장경 각주에서 밝힌 교감본을 참조하여 보입하고 수정하였다.

4. 한글 번역은 동국역경원에서 발간한 한글 『대방광불화엄경』(운허)을 중심으로 하고 『신화엄경합론』(탄허)과 『대방광불화엄경 강설』(여천무비) 그리고 최근의 여타 번역본 등을 참조하였다.

5. 저본의 원문에서 이체자의 경우 한글이 제공하는 이체자는 그대로 살리고 한글이 제공하지 않는 글자는 통용되는 정자로 바꾸었다. 예) 間 → 開 / 焰 → 燄 / 宮 → 宮 / 偁 → 稱

6. 한글 번역은 독송과 사경을 위하여 정확성과 아울러 가독성을 고려하였다. 극존칭은 부처님과 불경계에 대해서만 사용하였다.

7. 독송본의 차례는 일러두기 → 본문 → 화엄경 목차 → 간행사의 순차이다.
   (법공양판에는 간행사 다음에 간행불사 동참자를 밝혀 두었다.)

8. 독송본의 한글역은 사경의 편의를 도모하기 위해 그 편집을 달리하여 『사경본 한글역 대방광불화엄경』으로 함께 간행한다. 독송본과 사경본 모두 80권 『대방광불화엄경』의 권별 목차 순으로 간행한다.

독송본 한문 · 한글역

대방광불화엄경 제53권
大方廣佛華嚴經 卷第五十三

38. 이세간품 [1]
離世間品 第三十八之一

실차난타 한역
수미해주 한글역

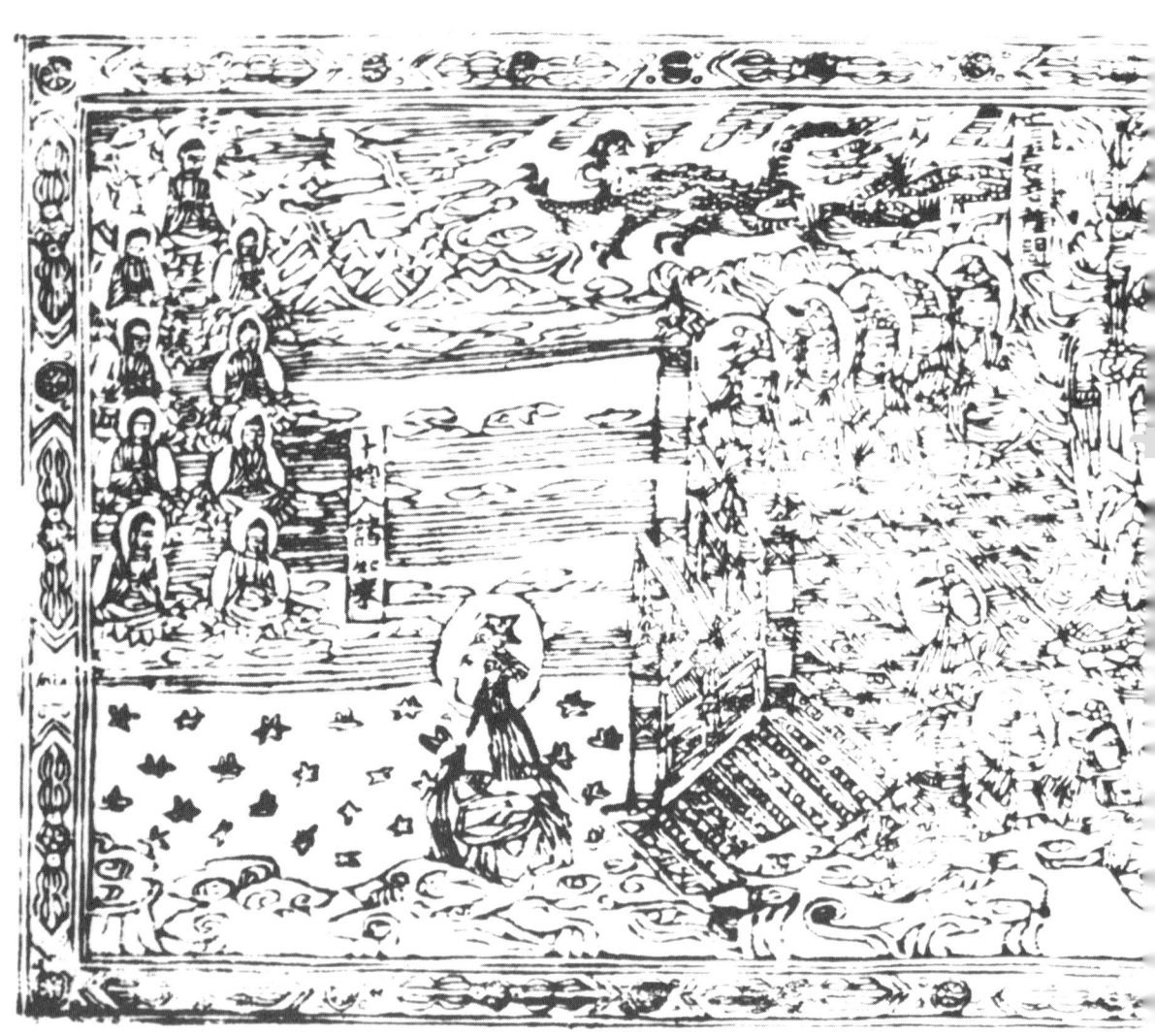

대방광불화엄경 제53권 변상도

대방광불화엄경
제53권

38. 이세간품 [1]

대방광불화엄경 권제오십삼
大方廣佛華嚴經 卷第五十三

이세간품 제삼십팔지일
離世間品 第三十八之一

이시 세존 재마갈제국아란야법보리장
爾時에 **世尊**이 **在摩竭提國阿蘭若法菩提場**

중보광명전 좌연화장사자지좌
中普光明殿하사 **坐蓮華藏師子之座**하시니라

묘오개만 이행영절 달무상법 주
妙悟皆滿하시며 **二行永絶**하시며 **達無相法**하시며 **住**

대방광불화엄경 제53권

38. 이세간품 [1]

그때에 세존께서 마갈제국의 아란야법 보리도량의 보광명전에서 연화장 사자좌에 앉아 계셨다.

묘한 깨달음이 다 원만하며, 두 가지 행이 영원히 끊어지셨다. 모양 없는 법을 통달하며,

어불주　　　　　득불평등　　　　도무장처　　　　불
於佛住하시며　得佛平等하시며　到無障處하시며　不

가전법　　　　　소행무애　　　　입부사의　　　　보
可轉法이시며　所行無礙하시며　立不思議하시며　普

견삼세
見三世하시니라

신항충변일체국토　　　　　　지항명달일체제법
身恒充徧一切國土하시며　智恒明達一切諸法하시며

요일체행　　　　진일체의
了一切行하시며　盡一切疑하시니라

무능측신　　　　일체보살등소구지　　　　도불
無能測身이시며　一切菩薩等所求智이시며　到佛

무이구경피안　　　　　　구족여래평등해탈
無二究竟彼岸하시며　具足如來平等解脫하시며

증무중변불평등지　　　　　진어법계　　　　등허
證無中邊佛平等地하시며　盡於法界하시며　等虛

부처님 머무르시는 데 머무르며, 부처님의 평등을 얻으며, 장애가 없는 곳에 이르며, 변할 수 없는 법이며, 행하는 바가 걸림이 없으며, 부사의함에 입각하며, 널리 삼세를 보셨다.

몸은 일체 국토에 항상 가득하며, 지혜는 일체 모든 법을 항상 밝게 통달하며, 일체 행을 분명히 알며, 일체 의심을 끊으셨다.

측량할 수 없는 몸이며, 일체 보살이 평등하게 구하는 바 지혜이며, 부처님의 둘이 없는 구경의 피안에 이르며, 여래의 평등한 해탈을 갖추며, 중간과 끝이 없는 부처님의 평등한 경지를 증득하며, 법계를 다하며, 허공계와 같으

공계
空界하시니라

여불가설백천억나유타불찰미진수보살마
與不可說百千億那由他佛刹微塵數菩薩摩

하살 구 개일생 당득아뇩다라삼먁
訶薩로 俱하시니 皆一生에 當得阿耨多羅三藐

삼보리 각종타방종종국토 이공래집
三菩提라 各從他方種種國土하야 而共來集호대

실구보살방편지혜
悉具菩薩方便智慧하니라

소위선능관찰일체중생 이방편력 영
所謂善能觀察一切衆生하야 以方便力으로 令

기조복 주보살법 선능관찰일체세계
其調伏하야 住菩薩法하며 善能觀察一切世界하야

셨다.

 말할 수 없는 백천억 나유타 부처님 세계 미진수의 보살마하살들과 함께 계셨으니, 모두 한 생에 마땅히 아뇩다라삼먁삼보리를 이룰 이들이다. 각각 타방의 갖가지 국토로부터 함께 와서 모였는데 다 보살의 방편 지혜를 갖추었다.

 이른바 일체 중생을 잘 능히 관찰하여 방편의 힘으로 그들로 하여금 조복해서 보살의 법에 머무르게 하며, 일체 세계를 잘 능히 관찰하여 방편의 힘으로 널리 다 나아가며, 열반

이방편력　　보개왕예　　선능관찰열반경
以方便力으로 普皆往詣하며 善能觀察涅槃境

계　　사유주량　　영리일체희론분별　　이
界하야 思惟籌量하며 永離一切戱論分別하고 而

수묘행　　무유간단
修妙行하야 無有間斷하니라

선능섭수일체중생　　선입무량제방편법
善能攝受一切衆生하며 善入無量諸方便法하며

지제중생　　공무소유　　이불괴업과　　선
知諸衆生이 空無所有호대 而不壞業果하며 善

지중생　　심사제근　　경계방편　　종종차별
知衆生의 心使諸根과 境界方便의 種種差別하니라

실능수지삼세불법　　자득해료　　부위타
悉能受持三世佛法하야 自得解了하고 復爲他

설　　어세출세무량제법　　개선안주　　지기
說하며 於世出世無量諸法에 皆善安住하야 知其

의 경계를 잘 능히 관찰하여 사유하고 헤아리며, 일체 희론과 분별을 길이 떠나 미묘한 행을 닦아서 끊어짐이 없다.

　일체 중생을 잘 능히 거두어 주며, 한량없는 모든 방편의 법에 잘 들어가며, 모든 중생들이 공하여 있는 바가 없음을 알되 업과 과보를 깨뜨리지 않으며, 중생들의 마음 번뇌와 모든 근과 경계와 방편의 갖가지 차별을 잘 안다.

　삼세의 부처님 법을 모두 능히 받아 지녀서 스스로 밝게 이해하고 다시 다른 이를 위하여 설하며, 세간과 출세간의 한량없는 모든 법에 다 잘 편안히 머물러서 그 진실을 알며, 함이

眞實하며 於有爲無爲一切諸法에 悉善觀察하야

知無有二하며 於一念中에 悉能獲得三世諸佛

所有智慧하나라

於念念中에 悉能示現成等正覺하야 令一切衆

生으로 發心成道하며 於一衆生心之所緣에 悉

知一切衆生境界하며 雖入如來一切智地나 而

不捨菩薩行하며 諸所作業이 智慧方便으로 而

無所作하나라

있고 함이 없는 일체 모든 법을 모두 잘 관찰하여 둘이 없음을 알며, 한 생각 동안에 삼세 모든 부처님께서 지니신 바 지혜를 모두 능히 획득하였다.

생각생각에 평등하고 바른 깨달음 이룸을 모두 능히 나타내 보여서 일체 중생으로 하여금 발심하여 도를 이루게 하며, 한 중생의 마음이 반연하는 바에 일체 중생의 경계를 모두 알며, 비록 여래의 일체지의 지위에 들어갔으나 보살의 행을 버리지 아니하며, 모든 짓는 바 업은 지혜 방편이어서 짓는 바가 없다.

낱낱 중생을 위하여 한량없는 겁 동안 머무

위일일중생　　주무량겁　　이어아승지겁
爲一一衆生하야 **住無量劫**하며 **而於阿僧祇劫**에

난가치우　　전정법륜　　조복중생　　개부
難可値遇며 **轉正法輪**하야 **調伏衆生**하야 **皆不**

당연　　삼세제불청정행원　　실이구족
唐捐하며 **三世諸佛淸淨行願**을 **悉已具足**하나니라

성취여시무량공덕　　일체여래　　어무변겁
成就如是無量功德하니 **一切如來**가 **於無邊劫**에

설불가진
說不可盡이러라

기명왈보현보살　　보안보살　　보화보살　　보
其名曰普賢菩薩과 **普眼菩薩**과 **普化菩薩**과 **普**

혜보살　　보견보살　　보광보살　　보관보살
慧菩薩과 **普見菩薩**과 **普光菩薩**과 **普觀菩薩**과

보조보살　　보당보살　　보각보살
普照菩薩과 **普幢菩薩**과 **普覺菩薩**이니라

르지만 아승지 겁에도 만나기 어려우며, 바른 법륜을 굴려 중생을 조복함이 다 헛되지 않으며, 삼세 모든 부처님의 청정한 행과 원을 모두 이미 구족하였다.

이와 같은 한량없는 공덕을 성취하니 일체 여래께서 가없는 겁 동안 설하셔도 다할 수 없다.

그 이름은 보현 보살과 보안 보살과 보화 보살과 보혜 보살과 보견 보살과 보광 보살과 보관 보살과 보조 보살과 보당 보살과 보각 보살이다.

이와 같은 등 열 말할 수 없는 백천억 나유타 부처님 세계 미진수의 보살들이 모두 다 보

여시등십불가설백천억나유타불찰미진수
如是等十不可說百千億那由他佛刹微塵數가

개실성취보현행원　　심심대원　　개이원만
皆悉成就普賢行願하야 深心大願이 皆已圓滿하며

일체제불출흥세처　　실능왕예　　청전법륜
一切諸佛出興世處에 悉能往詣하야 請轉法輪하며

선능수지제불법안　　부단일체제불종성
善能受持諸佛法眼하며 不斷一切諸佛種性하니라

선지일체제불흥세수기차제　　명호국토
善知一切諸佛興世授記次第와 名号國土하며

성등정각　　전어법륜
成等正覺하야 轉於法輪하니라

무불세계　　현신성불　　능령일체잡염중생
無佛世界에 現身成佛하며 能令一切雜染衆生으로

개실청정　　능멸일체보살업장　　입어무애
皆悉淸淨하며 能滅一切菩薩業障하며 入於無礙

현의 행원을 성취하여 깊은 마음과 큰 서원이 다 이미 원만하며, 일체 모든 부처님께서 세상에 출현하시는 곳에 다 능히 나아가서 법륜 굴리시기를 청하며, 모든 부처님의 법안을 잘 능히 받아 지니며, 일체 모든 부처님의 종성을 끊지 않는다.

일체 모든 부처님께서 세상에 출현하심과 수기하시는 차례와 명호와 국토와 평등하고 바른 깨달음 이루심과 법륜 굴리심을 잘 안다.

부처님 계시지 않은 세계에서 몸을 나타내어 부처를 이루어 능히 일체 잡되고 물든 중생들로 하여금 모두 다 청정하게 하며, 일체 보살

청정법계
淸淨法界하니라

이시   보현보살마하살   입광대삼매
爾時에 **普賢菩薩摩訶薩**이 **入廣大三昧**하시니

명불화장엄   입차삼매시   시방소유일체
名佛華莊嚴이라 **入此三昧時**에 **十方所有一切**

세계   육종십팔상동   출대음성   미불
世界가 **六種十八相動**하야 **出大音聲**하니 **靡不**

개문   연후   종기삼매이기
皆聞이라 **然後**에 **從其三昧而起**하시니라

의 업과 장애를 능히 없애며, 걸림 없는 청정한 법계에 들어갔다.

그때에 보현 보살마하살이 넓고 큰 삼매에 들었으니 이름이 '불화장엄'이다. 이 삼매에 들었을 때 시방에 있는 일체 세계가 여섯 가지 열여덟 모양으로 흔들리며 큰 소리를 내니, 모두 듣지 못함이 없었다. 그런 뒤에 그 삼매에서 일어났다.

이시   보혜보살   지중이집   문보현보살
爾時에 普慧菩薩이 知衆已集하고 問普賢菩薩

언
言하시니라

불자   원위연설   하등   위보살마하살
佛子야 願爲演說하소서 何等이 爲菩薩摩訶薩

의   하등   위기특상   하등   위행   하등
依며 何等이 爲奇特想이며 何等이 爲行이며 何等이

위선지식   하등   위근정진   하등   위심
爲善知識이며 何等이 爲勤精進이며 何等이 爲心

득안은   하등   위성취중생   하등   위계
得安隱이며 何等이 爲成就衆生이며 何等이 爲戒며

하등   위자지수기   하등   위입보살
何等이 爲自知受記며 何等이 爲入菩薩이니잇가

하등   위입여래   하등   위입중생심행
何等이 爲入如來며 何等이 爲入衆生心行이며

그때에 보혜 보살이 대중들이 이미 모인 것을 알고 보현 보살에게 물었다.

"불자여, 원컨대 연설하소서. 무엇이 보살마하살의 의지이며, 무엇이 기특한 생각이며, 무엇이 행이며, 무엇이 선지식이며, 무엇이 부지런한 정진이며, 무엇이 마음이 편안함을 얻음이며, 무엇이 중생을 성취함이며, 무엇이 계이며, 무엇이 수기 받음을 스스로 앎이며, 무엇이 보살에 들어감입니까?

무엇이 여래께 들어감이며, 무엇이 중생의 마음 행에 들어감이며, 무엇이 세계에 들어감이며, 무엇이 겁에 들어감이며, 무엇이 삼세를

何等이 爲入世界며 何等이 爲入劫이며 何等이

爲說三世며 何等이 爲入三世며 何等이 爲發無

疲厭心이며 何等이 爲差別智며 何等이 爲陀羅

尼며 何等이 爲演說佛이니잇가

何等이 爲發普賢心이며 何等이 爲普賢行法이며

以何等故로 而起大悲며 何等이 爲發菩提心因

緣이며 何等이 爲於善知識에 起尊重心이며 何等이

설함이며, 무엇이 삼세에 들어감이며, 무엇이 피로해하거나 싫어함이 없는 마음을 냄이며, 무엇이 차별지이며, 무엇이 다라니이며, 무엇이 부처님을 말함입니까?

무엇이 보현의 마음을 냄이며, 무엇이 보현의 행하는 법이며, 무슨 까닭으로 대비를 일으키며, 무엇이 보리심을 내는 인연이며, 무엇이 선지식에게 존중하는 마음을 일으킴이며, 무엇이 청정함이며, 무엇이 모든 바라밀이며, 무엇이 지혜로 따라 깨달음이며, 무엇이 증득하여 앎이며, 무엇이 힘입니까?

爲淸淨이며 何等이 爲諸波羅蜜이며 何等이 爲智

隨覺이며 何等이 爲證知며 何等이 爲力이니잇가

何等이 爲平等이며 何等이 爲佛法實義句며 何

等이 爲說法이며 何等이 爲持며 何等이 爲辯才며 何

等이 爲自在며 何等이 爲無著性이며 何等이 爲平等

心이며 何等이 爲出生智慧며 何等이 爲變化니잇가

何等이 爲力持며 何等이 爲得大欣慰며 何等이

무엇이 평등함이며, 무엇이 부처님 법의 진실한 이치의 구절이며, 무엇이 법을 설함이며, 무엇이 지님이며, 무엇이 변재이며, 무엇이 자재이며, 무엇이 집착 없는 성품이며, 무엇이 평등한 마음이며, 무엇이 출생하는 지혜이며, 무엇이 변화입니까?

  무엇이 힘으로 지님이며, 무엇이 크게 기쁘고 편안함을 얻음이며, 무엇이 부처님 법에 깊이 들어감이며, 무엇이 의지함이며, 무엇이 두려움 없는 마음을 냄이며, 무엇이 의심이 없는 마음을 냄이며, 무엇이 부사의이며, 무엇이

爲深入佛法이며 何等이 爲依止며 何等이 爲發

無畏心이며 何等이 爲發無疑惑心이며 何等이 爲

不思議며 何等이 爲巧密語며 何等이 爲巧分別

智며 何等이 爲入三昧니잇가

何等이 爲徧入이며 何等이 爲解脫門이며 何等이 爲

神通이며 何等이 爲明이며 何等이 爲解脫이며 何

等이 爲園林이며 何等이 爲宮殿이며 何等이 爲所

樂이며 何等이 爲莊嚴이며 何等이 爲發不動心이니잇가

교묘하고 비밀한 말이며, 무엇이 교묘하게 분별하는 지혜이며, 무엇이 삼매에 들어감입니까?

무엇이 두루 들어감이며, 무엇이 해탈문이며, 무엇이 신통이며, 무엇이 밝음이며, 무엇이 해탈이며, 무엇이 동산 숲이며, 무엇이 궁전이며, 무엇이 좋아하는 것이며, 무엇이 장엄이며, 무엇이 움직이지 않는 마음을 냅입니까?

무엇이 깊고 큰 마음을 버리지 않음이며, 무엇이 관찰함이며, 무엇이 법을 설함이며, 무엇이 청정이며, 무엇이 도장 찍음이며, 무엇

何等이 爲不捨深大心이며 何等이 爲觀察이며 何

等이 爲說法이며 何等이 爲淸淨이며 何等이 爲印이며

何等이 爲智光照며 何等이 爲無等住며 何等이

爲無下劣心이며 何等이 爲如山增上心이며 何

等이 爲入無上菩提如海智니잇가

何等이 爲如寶住며 何等이 爲發如金剛大乘誓

願心이며 何等이 爲大發起며 何等이 爲究竟大

이 지혜 광명의 비춤이며, 무엇이 같음이 없는 머무름이며, 무엇이 하열하지 않은 마음이며, 무엇이 산처럼 불어나는 마음이며, 무엇이 위없는 보리에 들어가는 바다 같은 지혜입니까?

무엇이 보배처럼 머무름이며, 무엇이 금강 같은 대승의 서원하는 마음을 냄이며, 무엇이 크게 일으킴이며, 무엇이 구경의 큰 일이며, 무엇이 무너지지 않는 믿음이며, 무엇이 수기이며, 무엇이 선근 회향이며, 무엇이 지혜를 얻음이며, 무엇이 가없는 광대한 마음을 냄이며,

事며 何等이 爲不壞信이며 何等이 爲授記며 何

等이 爲善根迴向이며 何等이 爲得智慧며 何

等이 爲發無邊廣大心이며 何等이 爲伏藏이니잇가

何等이 爲律儀며 何等이 爲自在며 何等이 爲無

礙用이며 何等이 爲衆生無礙用이며 何等이 爲刹

無礙用이며 何等이 爲法無礙用이며 何等이 爲身

無礙用이며 何等이 爲願無礙用이며 何等이 爲境

界無礙用이며 何等이 爲智無礙用이니잇가

무엇이 묻힌 갈무리입니까?

　무엇이 계율과 위의이며, 무엇이 자재함이며, 무엇이 걸림 없는 작용이며, 무엇이 중생에 걸림 없는 작용이며, 무엇이 세계에 걸림 없는 작용이며, 무엇이 법에 걸림 없는 작용이며, 무엇이 몸에 걸림 없는 작용이며, 무엇이 서원에 걸림 없는 작용이며, 무엇이 경계에 걸림 없는 작용이며, 무엇이 지혜에 걸림 없는 작용입니까?

　무엇이 신통에 걸림 없는 작용이며, 무엇이 위신력에 걸림 없는 작용이며, 무엇이 힘에 걸림 없는 작용이며, 무엇이 유희이며, 무엇이 경

何等이 爲神通無礙用이며 何等이 爲神力無礙用이며 何等이 爲力無礙用이며 何等이 爲遊戱며 何等이 爲境界며 何等이 爲力이며 何等이 爲無畏며 何等이 爲不共法이며 何等이 爲業이며 何等이 爲身이니잇가

何等이 爲身業이며 何等이 爲身이며 何等이 爲語며 何等이 爲淨修語業이며 何等이 爲得守護며 何等이 爲成辨大事며 何等이 爲心이며 何等이 爲發心이며

계이며, 무엇이 힘이며, 무엇이 두려움 없음이며, 무엇이 함께하지 않는 법이며, 무엇이 업이며, 무엇이 몸입니까?

무엇이 몸의 업이며, 무엇이 몸이며, 무엇이 말이며, 무엇이 말의 업을 깨끗이 닦음이며, 무엇이 수호함을 얻음이며, 무엇이 큰 일을 마련함이며, 무엇이 마음이며, 무엇이 발심이며, 무엇이 두루하는 마음입니까?

무엇이 모든 근이며, 무엇이 깊은 마음이며, 무엇이 더 느는 깊은 마음이며, 무엇이 부지런히 닦음이며, 무엇이 결정한 지혜이며, 무엇

何等이 爲周徧心이니잇가

何等이 爲諸根이며 何等이 爲深心이며 何等이 爲

增上深心이며 何等이 爲勤修며 何等이 爲決定

解며 何等이 爲決定解入世界며 何等이 爲決定

解入衆生界며 何等이 爲習氣며 何等이 爲取며

何等이 爲修니잇가

何等이 爲成就佛法이며 何等이 爲退失佛法道며

何等이 爲離生道며 何等이 爲決定法이며 何等이

이 결정한 지혜로 세계에 들어감이며, 무엇이 결정한 지혜로 중생계에 들어감이며, 무엇이 습기이며, 무엇이 취함이며, 무엇이 닦음입니까?

무엇이 부처님 법을 성취함이며, 무엇이 부처님 법의 길에서 물러남이며, 무엇이 생을 여의는 길이며, 무엇이 결정한 법이며, 무엇이 부처님 법을 출생하는 길이며, 무엇이 대장부의 명호이며, 무엇이 도이며, 무엇이 한량없는 도이며, 무엇이 도를 도움이며, 무엇이 도를 닦음입니까?

무엇이 장엄하는 도이며, 무엇이 발이며, 무

爲出生佛法道며 何等이 爲大丈夫名号며 何等이
爲道며 何等이 爲無量道며 何等이 爲助道며 何
等이 爲修道니잇가

何等이 爲莊嚴道며 何等이 爲足이며 何等이 爲手며
何等이 爲腹이며 何等이 爲藏이며 何等이 爲心이며 何
等이 爲被甲이며 何等이 爲器仗이며 何等이 爲首니잇가

何等이 爲眼이며 何等이 爲耳며 何等이 爲鼻며 何
等이 爲舌이며 何等이 爲身이며 何等이 爲意며 何等이

엇이 손이며, 무엇이 배이며, 무엇이 장이며, 무엇이 마음이며, 무엇이 갑옷을 입음이며, 무엇이 무기이며, 무엇이 머리입니까?

무엇이 눈이며, 무엇이 귀이며, 무엇이 코이며, 무엇이 혀이며, 무엇이 몸이며, 무엇이 뜻이며, 무엇이 행이며, 무엇이 머무름이며, 무엇이 앉음이며, 무엇이 누움이며, 무엇이 머무를 곳이며, 무엇이 행할 곳입니까?

무엇이 관찰이며, 무엇이 널리 관찰함이며, 무엇이 떨쳐 일어남이며, 무엇이 사자후이며, 무엇이 청정한 보시이며, 무엇이 청정한 계이

爲行이며 何等이 爲住며 何等이 爲坐며 何等이
爲臥며 何等이 爲所住處며 何等이 爲所行處니잇가

何等이 爲觀察이며 何等이 爲普觀察이며 何等이 爲奮
迅이며 何等이 爲師子吼며 何等이 爲淸淨施며 何等이
爲淸淨戒며 何等이 爲淸淨忍이며 何等이 爲淸淨精
進이며 何等이 爲淸淨定이며 何等이 爲淸淨慧니잇가

何等이 爲淸淨慈며 何等이 爲淸淨悲며 何等이 爲

며, 무엇이 청정한 참음이며, 무엇이 청정한 정진이며, 무엇이 청정한 선정이며, 무엇이 청정한 지혜입니까?

무엇이 청정한 자애로움이며, 무엇이 청정한 가엾이 여김이며, 무엇이 청정한 기쁨이며, 무엇이 청정한 버림이며, 무엇이 뜻이며, 무엇이 법이며, 무엇이 복덕의 도를 돕는 도구이며, 무엇이 지혜의 도를 돕는 도구이며, 무엇이 밝음이 구족함이며, 무엇이 법을 구함입니까?

무엇이 밝게 아는 법이며, 무엇이 수행하는 법이며, 무엇이 마이며, 무엇이 마의 업이며,

淸淨喜며 何等이 爲淸淨捨며 何等이 爲義며 何
等이 爲法이며 何等이 爲福德助道具며 何等이 爲智
慧助道具며 何等이 爲明足이며 何等이 爲求法이니잇가
何等이 爲明了法이며 何等이 爲修行法이며 何等이
爲魔며 何等이 爲魔業이며 何等이 爲捨離魔業이며
何等이 爲見佛이며 何等이 爲佛業이며 何等이 爲
慢業이며 何等이 爲智業이며 何等이 爲魔所攝持며
何等이 爲佛所攝持며 何等이 爲法所攝持니잇가

무엇이 마의 업을 버리어 여읨이며, 무엇이 부처님을 봄이며, 무엇이 부처님의 업이며, 무엇이 교만한 업이며, 무엇이 지혜의 업이며, 무엇이 마에 거두어 잡힌 것이며, 무엇이 부처님의 거두어 지니시는 바이며, 무엇이 법의 거두어 지니는 바입니까?

 무엇이 도솔천에 머물러 짓는 바 업이며, 무슨 까닭으로 도솔천궁에서 사라지며, 무슨 까닭으로 태에 머무름을 나타내며, 무엇이 미세한 갈래를 나타냄이며, 무슨 까닭으로 처음 태어남을 나타내며, 무슨 까닭으로 미소를 나

何等이 爲住兜率天所作業이며 何故로 於兜率
天宮歿이며 何故로 現處胎며 何等이 爲現微細
趣며 何故로 現初生이며 何故로 現微笑며 何故로
示行七步며 何故로 現童子地며 何故로 現處內
宮이며 何故로 現出家니잇가

何故로 示苦行이며 云何往詣道場이며 云何坐
道場이며 何等이 爲坐道場時奇特相이며 何故로
示降魔며 何等이 爲成如來力이며 云何轉法

타내며, 무슨 까닭으로 일곱 걸음 걸어감을 보이며, 무슨 까닭으로 동자의 지위를 나타내며, 무슨 까닭으로 내궁에 있음을 나타내며, 무슨 까닭으로 출가함을 나타냅니까?

 무슨 까닭으로 고행함을 보이며, 어떻게 도량에 나아가며, 어떻게 도량에 앉으며, 무엇이 도량에 앉았을 때의 기특한 모습이며, 무슨 까닭으로 마를 항복 받음을 보이며, 무엇이 여래의 힘을 이룸이며, 어떻게 법륜을 굴리며, 무슨 까닭으로 법륜 굴림을 인하여 희고 깨끗한 법을 얻으며, 무슨 까닭으로 여래 응정등각께서 열반에 듦을 보이십니까?

輪이며 何故로 因轉法輪하야 得白淨法이며 何故로 如來應正等覺이 示般涅槃이니잇가

善哉라 佛子야 如是等法을 願爲演說하소서

爾時에 普賢菩薩이 告普慧等諸菩薩言하시니라

佛子야 菩薩摩訶薩이 有十種依하니라

何等이 爲十고

훌륭하신 불자여, 이와 같은 등의 법을 원컨대 연설하소서."

  이때에 보현 보살이 보혜 등 모든 보살들에게 말씀하였다.

  "불자들이여, 보살마하살이 열 가지 의지가 있다.

  무엇이 열인가?

  이른바 보리심으로 의지를 삼으니 항상 잊어버리지 않는 까닭이며, 선지식으로 의지를 삼으니 화합하여 하나와 같은 까닭이며, 선근으

소위이보리심위의　　항불망실고　　이선지
所謂以菩提心爲依니 **恒不忘失故**며 **以善知**

식위의　　화합여일고　　이선근위의　　수집증
識爲依니 **和合如一故**며 **以善根爲依**니 **修集增**

장고　　이바라밀위의　　구족수행고　　이일체
長故며 **以波羅蜜爲依**니 **具足修行故**며 **以一切**

법위의　　구경출리고
法爲依니 **究竟出離故**니라

이대원위의　　증장보리고　　이제행위의　　보
以大願爲依니 **增長菩提故**며 **以諸行爲依**니 **普**

개성취고　　이일체보살위의　　동일지혜고
皆成就故며 **以一切菩薩爲依**니 **同一智慧故**며

이공양제불위의　　신심청정고　　이일체여
以供養諸佛爲依니 **信心淸淨故**며 **以一切如**

래위의　　여자부교회부단고
來爲依니 **如慈父敎誨不斷故**니라

로 의지를 삼으니 닦고 모아서 증장하는 까닭이며, 바라밀로 의지를 삼으니 구족하게 수행하는 까닭이며, 일체 법으로 의지를 삼으니 구경에 벗어나는 까닭이다.

큰 서원으로 의지를 삼으니 보리를 증장하는 까닭이며, 모든 행으로 의지를 삼으니 널리 다 성취하는 까닭이며, 일체 보살로 의지를 삼으니 지혜가 같은 까닭이며, 모든 부처님께 공양 올림으로 의지를 삼으니 믿는 마음이 청정한 까닭이며, 일체 여래로 의지를 삼으니 자애로운 아버지의 가르침과 같이 끊이지 않는 까닭이다.

시 위 십
是爲十이니라

약 제 보 살   안 주 차 법   즉 득 위 여 래 무 상 대
若諸菩薩이 安住此法하면 則得爲如來無上大

지 소 의 처
智所依處니라

불 자   보 살 마 하 살   유 십 종 기 특 상
佛子야 菩薩摩訶薩이 有十種奇特想하나라

하 등   위 십
何等이 爲十고

소 위 어 일 체 선 근   생 자 선 근 상   어 일 체 선
所謂於一切善根에 生自善根想하며 於一切善

근   생 보 리 종 자 상   어 일 체 중 생   생 보 리
根에 生菩提種子想하며 於一切衆生에 生菩提

이것이 열이다.

만약 모든 보살들이 이 법에 편안히 머무르면 곧 여래의 위없는 큰 지혜의 의지할 곳이 됨을 얻는다.

불자들이여, 보살마하살이 열 가지 기특한 생각이 있다.

무엇이 열인가?

이른바 일체 선근에 자기의 선근이라는 생각을 내며, 일체 선근에 보리의 종자라는 생각을 내며, 일체 중생에게 보리의 그릇이라는 생각을 내며, 일체 원에 자기의 원이라는 생

器想하며 於一切願에 生自願想하며 於一切法에

生出離想하니라

於一切行에 生自行想하며 於一切法에 生佛法

想하며 於一切語言法에 生語言道想하며 於一切

佛에 生慈父想하며 於一切如來에 生無二想이니라

是爲十이니라

若諸菩薩이 安住此法하면 則得無上善巧想이니라

각을 내며, 일체 법에 벗어나는 생각을 낸다.

일체 행에 자기의 행이라는 생각을 내며, 일체 법에 부처님의 법이라는 생각을 내며, 일체 언어 법에 언어의 도라는 생각을 내며, 일체 부처님께 자애로운 아버지라는 생각을 내며, 일체 여래께 둘이 없다는 생각을 낸다.

이것이 열이다.

만약 모든 보살들이 이 법에 편안히 머무르면 곧 위없는 매우 교묘한 생각을 얻는다.

佛子_야 菩薩摩訶薩_이 有十種行_{하니라}

何等_이 爲十_고

所謂一切衆生行_{이니} 普令成熟故_며 一切求法行_{이니} 咸悉修學故_며 一切善根行_{이니} 悉使增長故_며 一切三昧行_{이니} 一心不亂故_며 一切智慧行_{이니} 無不了知故_{니라}

一切修習行_{이니} 無不能修故_며 一切佛刹行_{이니} 皆悉莊嚴故_며 一切善友行_{이니} 恭敬供養故_며

불자들이여, 보살마하살이 열 가지 행이 있다.

무엇이 열인가?

이른바 일체 중생의 행이니 널리 성숙하게 하는 까닭이며, 일체 법을 구하는 행이니 모두 다 닦고 배우는 까닭이며, 일체 선근의 행이니 모두 증장하게 하는 까닭이며, 일체 삼매의 행이니 한 마음이 어지럽지 않은 까닭이며, 일체 지혜의 행이니 밝게 알지 못함이 없는 까닭이다.

일체 닦아 익히는 행이니 능히 닦지 못함이 없는 까닭이며, 일체 부처님 세계의 행이니 모

일체여래행　　존중승사고　　일체신통행
一切如來行이니 尊重承事故며 一切神通行이니

변화자재고
變化自在故니라

시위십
是爲十이니라

약제보살　　안주차법　　즉득여래무상대지
若諸菩薩이 安住此法하면 則得如來無上大智

혜행
慧行이니라

불자　　보살마하살　　유십종선지식
佛子야 菩薩摩訶薩이 有十種善知識하니라

하등　위십
何等이 爲十고

두 다 장엄하는 까닭이며, 일체 선우의 행이니 공경하고 공양올리는 까닭이며, 일체 여래의 행이니 존중하고 받들어 섬기는 까닭이며, 일체 신통한 행이니 변화가 자재한 까닭이다.

이것이 열이다.

만약 모든 보살들이 이 법에 편안히 머무르면 곧 여래의 위없는 큰 지혜의 행을 얻는다.

불자들이여, 보살마하살이 열 가지 선지식이 있다.

무엇이 열인가?

이른바 보리심에 머무르게 하는 선지식과,

소위영주보리심선지식　　영생선근선지식
所謂令住菩提心善知識과 **令生善根善知識**과

영행제바라밀선지식　　영해설일체법선지
令行諸波羅蜜善知識과 **令解說一切法善知**

식　영성숙일체중생선지식
識과 **令成熟一切衆生善知識**이니라

영득결정변재선지식　　영불착일체세간선지
令得決定辯才善知識과 **令不著一切世間善知**

식　영어일체겁　수행무염권선지식　영안주
識과 **令於一切劫**에 **修行無厭倦善知識**과 **令安住**

보현행선지식　영입일체불지소입선지식
普賢行善知識과 **令入一切佛智所入善知識**이니라

시위십
是爲十이니라

선근을 내게 하는 선지식과, 모든 바라밀을 행하게 하는 선지식과, 일체 법을 해설하게 하는 선지식과, 일체 중생을 성숙하게 하는 선지식이다.

결정한 변재를 얻게 하는 선지식과, 일체 세간에 집착하지 않게 하는 선지식과, 일체 겁에 수행하되 싫어하거나 게으름이 없게 하는 선지식과, 보현의 행에 편안히 머무르게 하는 선지식과, 일체 부처님의 지혜로 들어가신 데 들어가게 하는 선지식이다.

이것이 열이다.

불자 보살마하살 유십종근정진
佛子야 **菩薩摩訶薩**이 **有十種勤精進**하나니라

하등 위십
何等이 **爲十**고

소위교화일체중생근정진 심입일체법
所謂敎化一切衆生勤精進과 **深入一切法**

근정진 엄정일체세계근정진 수행일체
勤精進과 **嚴淨一切世界勤精進**과 **修行一切**

보살소학근정진 멸제일체중생악근정
菩薩所學勤精進과 **滅除一切衆生惡勤精**

진
進이니라

지식일체삼악도고근정진 최파일체중마
止息一切三惡道苦勤精進과 **摧破一切衆魔**

근정진 원위일체중생 작청정안근정진
勤精進과 **願爲一切衆生**하야 **作淸淨眼勤精進**과

불자들이여, 보살마하살이 열 가지 부지런한 정진이 있다.

무엇이 열인가?

이른바 일체 중생을 교화하는 부지런한 정진과, 일체 법에 깊이 들어가는 부지런한 정진과, 일체 세계를 깨끗이 장엄하는 부지런한 정진과, 일체 보살의 배우는 바를 닦아 행하는 부지런한 정진과, 일체 중생의 악을 멸하여 없애는 부지런한 정진이다.

일체 삼악도의 괴로움을 그치게 하는 부지런한 정진과, 일체 온갖 마들을 꺾어 깨뜨리는 부지런한 정진과, 일체 중생을 위하여 청정한

공양일체제불근정진 영일체여래 개실
供養一切諸佛勤精進과 **令一切如來**로 **皆悉**

환희근정진
歡喜勤精進이니라

시위십
是爲十이니라

약 제보살 안주차법 즉득구족여래무상
若諸菩薩이 **安住此法**하면 **則得具足如來無上**

정진바라밀
精進波羅蜜이니라

불자 보살마하살 유십종심득안은
佛子야 **菩薩摩訶薩**이 **有十種心得安隱**하니라

하등 위십
何等이 **爲十**고

눈이 되기를 서원하는 부지런한 정진과, 일체 모든 부처님께 공양올리는 부지런한 정진과, 일체 여래께서 모두 다 환희하시게 하는 부지런한 정진이다.

이것이 열이다.

만약 모든 보살들이 이 법에 편안히 머무르면 곧 여래의 위없는 정진바라밀을 구족하게 된다.

불자들이여, 보살마하살이 열 가지 마음이 편안함을 얻음이 있다.

무엇이 열인가?

소위자주보리심　　　역당령타주보리심
所謂自住菩提心하고 亦當令他住菩提心하야

심득안은　　　자구경리분쟁　　　역당령타리
心得安隱하며 自究竟離忿諍하고 亦當令他離

분쟁　　　심득안은
忿諍하야 心得安隱하니라

자리범우법　　　역령타리범우법　　　심득안
自離凡愚法하고 亦令他離凡愚法하야 心得安

은　　　자근수선근　　　역령타근수선근　　　심
隱하며 自勤修善根하고 亦令他勤修善根하야 心

득안은
得安隱하니라

자주바라밀도　　　역령타주바라밀도　　　심
自住波羅蜜道하고 亦令他住波羅蜜道하야 心

득안은　　　자생재불가　　　역당령타생어불
得安隱하며 自生在佛家하고 亦當令他生於佛

이른바 스스로 보리심에 머무르고 또한 마땅히 다른 이도 보리심에 머무르게 하여 마음이 편안함을 얻으며, 스스로 끝까지 성냄과 다툼을 여의고 또한 마땅히 다른 이도 성냄과 다툼을 여의게 하여 마음이 편안함을 얻는다.

스스로 범부의 어리석은 법을 여의고 또한 다른 이도 범부의 어리석은 법을 여의게 하여 마음이 편안함을 얻으며, 스스로 선근을 부지런히 닦고 또한 다른 이도 선근을 부지런히 닦게 하여 마음이 편안함을 얻는다.

스스로 바라밀도에 머무르고 또한 다른 이도 바라밀도에 머무르게 하여 마음이 편안함

가　　심득안은
家하야 心得安隱하니라

자심입무자성진실법　　역령타입무자성진
自深入無自性眞實法하고 亦令他入無自性眞

실법　　심득안은　　자불비방일체불법
實法하야 心得安隱하며 自不誹謗一切佛法하고

역령타불비방일체불법　　심득안은
亦令他不誹謗一切佛法하야 心得安隱하니라

자만일체지보리원　　역령타만일체지보리
自滿一切智菩提願하고 亦令他滿一切智菩提

원　　심득안은　　자심입일체여래무진지장
願하야 心得安隱하며 自深入一切如來無盡智藏하야

역령타입일체여래무진지장　　심득안은
亦令他入一切如來無盡智藏하야 心得安隱이니라

시위십
是爲十이니라

을 얻으며, 스스로 부처님의 가문에 태어나고 또한 마땅히 다른 이도 부처님의 가문에 태어나게 하여 마음이 편안함을 얻는다.

스스로 자기 성품 없는 진실한 법에 깊이 들어가고 또한 다른 이도 자기 성품 없는 진실한 법에 들어가게 하여 마음이 편안함을 얻으며, 스스로 일체 부처님의 법을 비방하지 않고 또한 다른 이도 일체 부처님의 법을 비방하지 않게 하여 마음이 편안함을 얻는다.

스스로 일체 지혜의 보리의 원을 만족하고 또한 다른 이도 일체 지혜의 보리의 원을 만족하게 하여 마음이 편안함을 얻으며, 스스로 일

약제보살　안주차법　　즉득여래무상대지
若諸菩薩이 安住此法하면 則得如來無上大智

안은
安隱이니라

불자　보살마하살　유십종성취중생
佛子야 菩薩摩訶薩이 有十種成就衆生하나니라

하등　위십
何等이 爲十고

소위이보시　성취중생　　이색신　성취
所謂以布施로 成就衆生하며 以色身으로 成就

중생　　이설법　성취중생　　이동행
衆生하며 以說法으로 成就衆生하며 以同行으로

성취중생
成就衆生하나니라

체 여래의 다함없는 지혜창고에 깊이 들어가고 또한 다른 이도 일체 여래의 다함없는 지혜창고에 들어가게 하여 마음이 편안함을 얻는다.

이것이 열이다.

만약 모든 보살들이 이 법에 편안히 머무르면 곧 여래의 위없는 큰 지혜의 편안함을 얻는다.

불자들이여, 보살마하살이 열 가지 중생을 성취함이 있다.

무엇이 열인가?

이른바 보시로 중생을 성취하며, 색신으로

이무염착　　성취중생　　이개시보살행　　성
以無染著으로 成就衆生하며 以開示菩薩行으로 成

취중생　　이치연시현일체세계　　성취중생
就衆生하며 以熾然示現一切世界로 成就衆生하니라

이시현불법대위덕　　성취중생　　이종종
以示現佛法大威德으로 成就衆生하며 以種種

신통변현　　성취중생　　이종종미밀선교
神通變現으로 成就衆生하며 以種種微密善巧

방편　성취중생
方便으로 成就衆生이니라

시위십
是爲十이니라

보살　이차성취중생계
菩薩이 以此成就衆生界니라

중생을 성취하며, 법을 설함으로 중생을 성취하며, 같이 행함으로 중생을 성취한다.

물들어 집착하지 않음으로 중생을 성취하며, 보살행을 열어 보임으로 중생을 성취하며, 일체 세계를 치성하게 나타내 보임으로 중생을 성취한다.

부처님 법의 큰 위엄과 덕을 나타내 보임으로 중생을 성취하며, 갖가지 신통 변화를 나타냄으로 중생을 성취하며, 갖가지 비밀한 선교방편으로 중생을 성취한다.

이것이 열이다.

보살이 이로써 중생계를 성취한다.

불자 보살마하살 유십종계
佛子야 菩薩摩訶薩이 有十種戒하니라

하등 위십
何等이 爲十고

소위불사보리심계   원리이승지계   관찰
所謂不捨菩提心戒와 遠離二乘地戒와 觀察

이익일체중생계   영일체중생주불법계
利益一切衆生戒와 令一切衆生住佛法戒와

수일체보살소학계
修一切菩薩所學戒니라

어일체법   무소득계   이일체선근   회향
於一切法에 無所得戒와 以一切善根으로 迴向

보리계   불착일체여래신계   사유일체법
菩提戒와 不著一切如來身戒와 思惟一切法호대

이취착계   제근율의계
離取著戒와 諸根律儀戒니라

불자들이여, 보살마하살이 열 가지 계가 있다.

무엇이 열인가?

이른바 보리심을 버리지 않는 계와, 이승의 지위를 멀리 여의는 계와, 일체 중생을 관찰하여 이익하게 하는 계와, 일체 중생이 부처님 법에 머무르게 하는 계와, 일체 보살이 배우는 바를 닦는 계이다.

일체 법에 얻을 바가 없는 계와, 일체 선근으로 보리에 회향하는 계와, 일체 여래의 몸에 집착하지 않는 계와, 일체 법을 사유하되 집착을 여의는 계와, 모든 근의 계율과 위의의 계

시위십
是爲十이니라

약 제 보살 안주차법   즉득여래무상광대
若諸菩薩이 安住此法하면 則得如來無上廣大

계 바라밀
戒波羅蜜이니라

불자 보살마하살   유십종수기법   보살
佛子야 菩薩摩訶薩이 有十種受記法하야 菩薩이

이차자지수기
以此自知受記하나니라

하등 위십
何等이 爲十고

소위이수승의 발보리심   자지수기
所謂以殊勝意로 發菩提心하야 自知受記하며

이다.

이것이 열이다.

만약 모든 보살들이 이 법에 편안히 머무르면 곧 여래의 위없고 광대한 계바라밀을 얻는다.

불자들이여, 보살마하살이 열 가지 수기 받는 법이 있어서 보살이 이로써 수기 받음을 스스로 안다.

무엇이 열인가?

이른바 수승한 뜻으로 보리심을 내어서 수기 받음을 스스로 알며, 모든 보살행을 영원히

영불염사제보살행 자지수기 주일체
永不厭捨諸菩薩行하야 **自知受記**하며 **住一切**

겁행보살행 자지수기 수일체불법
劫行菩薩行하야 **自知受記**하며 **修一切佛法**하야

자지수기
自知受記하나라

어일체불교 일향심신 자지수기 수
於一切佛敎에 **一向深信**하야 **自知受記**하며 **修**

일체선근 개령성취 자지수기 치일
一切善根하야 **皆令成就**하야 **自知受記**하며 **置一**

체중생어불보리 자지수기
切衆生於佛菩提하야 **自知受記**하나라

어일체선지식 화합무이 자지수기
於一切善知識에 **和合無二**하야 **自知受記**하며

어일체선지식 기여래상 자지수기
於一切善知識에 **起如來想**하야 **自知受記**하며

싫어하여 버리지 않아서 수기 받음을 스스로 알며, 일체 겁에 머물러 보살행을 행하여 수기 받음을 스스로 알며, 일체 부처님의 법을 닦아서 수기 받음을 스스로 안다.

일체 부처님의 가르침을 한결같이 깊이 믿어서 수기 받음을 스스로 알며, 일체 선근을 닦아 다 성취하게 하여 수기 받음을 스스로 알며, 일체 중생을 부처님의 보리에 두어서 수기 받음을 스스로 안다.

일체 선지식에게 화합하여 둘이 없어서 수기 받음을 스스로 알며, 일체 선지식에게 여래라는 생각을 내어서 수기 받음을 스스로 알며,

恒勤守護菩提本願하야 自知受記니라

是爲十이니라

佛子야 菩薩摩訶薩이 有十種入하야 入諸菩薩하나니라

何等이 爲十고

所謂入本願하며 入行하며 入聚하며 入諸波羅蜜하며

入成就하니라

入差別願하며 入種種解하며 入莊嚴佛土하며 入

보리의 본래 서원을 항상 부지런히 수호하여 수기 받음을 스스로 안다.

이것이 열이다.

불자들이여, 보살마하살이 열 가지 들어감이 있어서 모든 보살들에게 들어간다.

무엇이 열인가?

이른바 본래의 서원에 들어가며, 행에 들어가며, 무리에 들어가며, 모든 바라밀에 들어가며, 성취에 들어간다.

차별한 서원에 들어가며, 갖가지 지해에 들어가며, 불국토를 장엄함에 들어가며, 위신력

신력자재
神力自在하며 入示現受生이니라
입시현수생

시위십
是爲十이니라

보살 이차보입삼세일체보살
菩薩이 以此普入三世一切菩薩이니라

불자 보살마하살   유십종입   입제여
佛子야 菩薩摩訶薩이 有十種入하야 入諸如

래
來하나니라

하등 위십
何等이 爲十고

소위입무변성정각   입무변전법륜   입
所謂入無邊成正覺하며 入無邊轉法輪하며 入

이 자재함에 들어가며, 태어남을 나타내 보임에 들어간다.

이것이 열이다.

보살이 이로써 삼세의 일체 보살에게 널리 들어간다.

불자들이여, 보살마하살이 열 가지 들어감이 있어서 모든 여래께 들어간다.

무엇이 열인가?

이른바 가없는 바른 깨달음을 이루심에 들어가며, 가없는 법륜을 굴리심에 들어가며, 가없는 방편의 법에 들어가며, 가없는 차별한 음성

무변방편법　　입무변차별음성　　입무변
無邊方便法하며　入無邊差別音聲하며　入無邊

조복중생
調伏衆生하나라

입무변신력자재　　　입무변종종차별신
入無邊神力自在하며　入無邊種種差別身하며

입무변삼매　　　입무변력무소외　　입무변
入無邊三昧하며　入無邊力無所畏하며　入無邊

시현열반
示現涅槃이니라

시위십
是爲十이니라

보살　이차보입삼세일체여래
菩薩이 以此普入三世一切如來니라

에 들어가며, 가없는 중생들을 조복하심에 들어간다.

가없는 신통한 힘의 자재하심에 들어가며, 가없는 갖가지 차별한 몸에 들어가며, 가없는 삼매에 들어가며, 가없는 힘과 두려움 없으심에 들어가며, 가없는 열반을 나타내 보이심에 들어간다.

이것이 열이다.

보살이 이로써 삼세의 일체 여래께 널리 들어간다.

불자들이여, 보살마하살이 열 가지 중생의

불자야 보살마하살이 유십종입중생행하나라
佛子야 菩薩摩訶薩이 有十種入衆生行하나라

하등이 위십고
何等이 爲十고

소위입일체중생과거행하며 입일체중생미래
所謂入一切衆生過去行하며 入一切衆生未來

행하며 입일체중생현재행하며 입일체중생선
行하며 入一切衆生現在行하며 入一切衆生善

행하며 입일체중생불선행하나라
行하며 入一切衆生不善行하나라

입일체중생심행하며 입일체중생근행하며 입
入一切衆生心行하며 入一切衆生根行하며 入

일체중생해행하며 입일체중생번뇌습기행하며
一切衆生解行하며 入一切衆生煩惱習氣行하며

입일체중생교화조복시비시행하나라
入一切衆生敎化調伏時非時行하나라

행에 들어감이 있다.

 무엇이 열인가?

 이른바 일체 중생의 과거의 행에 들어가며, 일체 중생의 미래의 행에 들어가며, 일체 중생의 현재의 행에 들어가며, 일체 중생의 착한 행에 들어가며, 일체 중생의 착하지 않은 행에 들어간다.

 일체 중생의 마음의 행에 들어가며, 일체 중생의 근의 행에 들어가며, 일체 중생의 지해의 행에 들어가며, 일체 중생의 번뇌와 습기의 행에 들어가며, 일체 중생을 교화하고 조복하는 때와 때 아닌 행에 들어간다.

시위십
是爲十이니라

보살 이차보입일체제중생행
菩薩이 以此普入一切諸衆生行이니라

불자 보살마하살 유십종입세계
佛子야 菩薩摩訶薩이 有十種入世界하니라

하등 위십
何等이 爲十고

소위입염세계 입정세계 입소세계
所謂入染世界하며 入淨世界하며 入小世界하며

입대세계 입미진중세계
入大世界하며 入微塵中世界하니라

입미세세계 입복세계 입앙세계 입
入微細世界하며 入覆世界하며 入仰世界하며 入

이것이 열이다.

보살이 이로써 일체 모든 중생들의 행에 널리 들어간다.

불자들이여, 보살마하살이 열 가지 세계에 들어감이 있다.

무엇이 열인가?

이른바 물든 세계에 들어가며, 깨끗한 세계에 들어가며, 작은 세계에 들어가며, 큰 세계에 들어가며, 미진 속의 세계에 들어간다.

미세한 세계에 들어가며, 엎어진 세계에 들

유불세계　　　입무불세계
有佛世界하며 入無佛世界니라

시위십
是爲十이니라

보살　이차보입시방일체세계
菩薩이 以此普入十方一切世界니라

불자　보살마하살　유십종입겁
佛子야 菩薩摩訶薩이 有十種入劫하나니

하등　위십
何等이 爲十고

소위입과거겁　　　입미래겁　　　입현재겁
所謂入過去劫하며 入未來劫하며 入現在劫하며

입가수겁　　　입불가수겁
入可數劫하며 入不可數劫하니라

어가며, 잦혀진 세계에 들어가며, 부처님 계시는 세계에 들어가며, 부처님 계시지 않은 세계에 들어간다.

이것이 열이다.

보살이 이로써 시방의 일체 세계에 널리 들어간다.

불자들이여, 보살마하살이 열 가지 겁에 들어감이 있다.

무엇이 열인가?

이른바 과거 겁에 들어가며, 미래 겁에 들어가며, 현재 겁에 들어가며, 셀 수 있는 겁에

入可數劫이 即不可數劫하며 入不可數劫이 即可數劫하며 入一切劫이 即非劫하며 入非劫이 即一切劫하며 入一切劫이 即一念이니라

是爲十이니라

菩薩이 以此普入一切劫이니라

佛子야 菩薩摩訶薩이 有十種說三世하나라

何等이 爲十고

들어가며, 셀 수 없는 겁에 들어간다.

셀 수 있는 겁이 곧 셀 수 없는 겁임에 들어가며, 셀 수 없는 겁이 곧 셀 수 있는 겁임에 들어가며, 일체 겁이 곧 겁 아님에 들어가며, 겁 아님이 곧 일체 겁임에 들어가며, 일체 겁이 곧 한 생각임에 들어간다.

이것이 열이다.

보살이 이로써 일체 겁에 널리 들어간다.

불자들이여, 보살마하살이 열 가지 삼세를 설함이 있다.

무엇이 열인가?

所謂過去世에 說過去世하며 過去世에 說未來世하며 過去世에 說現在世하나라

未來世에 說過去世하며 未來世에 說現在世하며 未來世에 說無盡하나라

現在世에 說過去世하며 現在世에 說未來世하며 現在世에 說平等하며 現在世에 說三世即一念이니라

是爲十이니라

菩薩이 以此普說三世니라

이른바 과거세에서 과거세를 설하며, 과거세에서 미래세를 설하며, 과거세에서 현재세를 설한다.

미래세에서 과거세를 설하며, 미래세에서 현재세를 설하며, 미래세에서 다함없음을 설한다.

현재세에서 과거세를 설하며, 현재세에서 미래세를 설하며, 현재세에서 평등을 설하며, 현재세에서 삼세가 곧 한 순간임을 설한다.

이것이 열이다.

보살이 이로써 삼세를 널리 설한다.

불자야 菩薩摩訶薩이 有十種知三世하니라

하등 위십
何等이 爲十고

소위지제안립 지제어언 지제담의
所謂知諸安立하며 知諸語言하며 知諸談議하며

지제궤칙 지제칭위
知諸軌則하며 知諸稱謂하니라

지제제령 지기가명 지기무진 지기
知諸制令하며 知其假名하며 知其無盡하며 知其

적멸 지일체공
寂滅하며 知一切空이니라

시위십
是爲十이니라

보살 이차보지일체삼세제법
菩薩이 以此普知一切三世諸法이니라

불자들이여, 보살마하살이 열 가지 삼세를 앎이 있다.

무엇이 열인가?

이른바 모든 안립을 알며, 모든 언어를 알며, 모든 의논을 알며, 모든 법칙을 알며, 모든 일컬음을 안다.

모든 제도와 법령을 알며, 그 거짓 이름을 알며, 그 다함없음을 알며, 그 적멸함을 알며, 일체가 공함을 안다.

이것이 열이다.

보살이 이로써 일체 삼세의 모든 법을 널리 안다.

불자 보살마하살 발십종무피염심
佛子야 **菩薩摩訶薩**이 **發十種無疲厭心**하나니라

하등 위십
何等이 **爲十**고

소위공양일체제불 무피염심 친근일
所謂供養一切諸佛호대 **無疲厭心**하며 **親近一**

체선지식 무피염심 구일체법 무피
切善知識호대 **無疲厭心**하며 **求一切法**호대 **無疲**

염심 청문정법 무피염심 선설정
厭心하며 **聽聞正法**호대 **無疲厭心**하며 **宣說正**

법 무피염심
法호대 **無疲厭心**하나니라

교화조복일체중생 무피염심 치일체
敎化調伏一切衆生호대 **無疲厭心**하며 **置一切**

중생어불보리 무피염심 어일일세계
衆生於佛菩提호대 **無疲厭心**하며 **於一一世界**에

불자들이여, 보살마하살이 열 가지 피로해하거나 싫어함이 없는 마음을 낸다.

무엇이 열인가?

이른바 일체 모든 부처님께 공양올리되 피로해하거나 싫어함이 없는 마음과, 일체 선지식을 친근하되 피로해하거나 싫어함이 없는 마음과, 일체 법을 구하되 피로해하거나 싫어함이 없는 마음과, 바른 법을 듣되 피로해하거나 싫어함이 없는 마음과, 바른 법을 설하되 피로해하거나 싫어함이 없는 마음이다.

일체 중생을 교화하고 조복하되 피로해하거나 싫어함이 없는 마음과, 일체 중생을 부처님

經不可說不可說劫토록 行菩薩行호대 無疲厭

心하며 遊行一切世界호대 無疲厭心하며 觀察思

惟一切佛法호대 無疲厭心이니라

是爲十이니라

若諸菩薩이 安住此法하면 則得如來無疲厭無

上大智니라

의 보리에 두되 피로해하거나 싫어함이 없는 마음과, 낱낱 세계마다 말할 수 없이 말할 수 없는 겁을 지내도록 보살행을 행하되 피로해하거나 싫어함이 없는 마음과, 일체 세계를 다 니되 피로해하거나 싫어함이 없는 마음과, 일체 부처님 법을 관찰하고 사유하되 피로해하거나 싫어함이 없는 마음이다.

이것이 열이다.

만약 모든 보살들이 이 법에 편안히 머무르면 곧 여래의 피로해하거나 싫어함이 없이 위없는 큰 지혜를 얻는다.

불자 보살마하살 유십종차별지
佛子야 菩薩摩訶薩이 有十種差別智하니라

하등 위십
何等이 爲十고

소위지중생차별지   지제근차별지   지업
所謂知衆生差別智와 知諸根差別智와 知業

보차별지   지수생차별지   지세계차별지
報差別智와 知受生差別智와 知世界差別智니라

지법계차별지   지제불차별지   지제법차
知法界差別智와 知諸佛差別智와 知諸法差

별지   지삼세차별지   지일체어언도차별
別智와 知三世差別智와 知一切語言道差別

지
智니라

시위십
是爲十이니라

불자들이여, 보살마하살이 열 가지 차별지가 있다.

무엇이 열인가?

이른바 중생의 차별을 아는 지혜와, 모든 근기의 차별을 아는 지혜와, 업과 과보의 차별을 아는 지혜와, 태어나는 차별을 아는 지혜와, 세계의 차별을 아는 지혜이다.

법계의 차별을 아는 지혜와, 모든 부처님의 차별을 아는 지혜와, 모든 법의 차별을 아는 지혜와, 삼세의 차별을 아는 지혜와, 일체 언어의 도의 차별을 아는 지혜이다.

이것이 열이다.

약제보살 안주차법   즉득여래무상광대
若諸菩薩이 安住此法하면 則得如來無上廣大

차별지
差別智니라

불자 보살마하살   유십종다라니
佛子야 菩薩摩訶薩이 有十種陀羅尼하니라

하등 위십
何等이 爲十고

소위문지다라니   지일체법   불망실고
所謂聞持陀羅尼니 持一切法하야 不忘失故며

수행다라니   여실교관일체법고   사유다
修行陀羅尼니 如實巧觀一切法故며 思惟陀

라니   요지일체제법성고   법광명다라니
羅尼니 了知一切諸法性故며 法光明陀羅尼니

만약 모든 보살들이 이 법에 편안히 머무르면 곧 여래의 위없는 광대한 차별지를 얻는다.

불자들이여, 보살마하살이 열 가지 다라니가 있다.

무엇이 열인가?

이른바 듣고 지니는 다라니이니 일체 법을 지니어 잊지 않는 까닭이며, 닦아 행하는 다라니이니 일체 법을 사실대로 교묘하게 관찰하는 까닭이며, 사유하는 다라니이니 일체 모든 법의 성품을 분명히 아는 까닭이며, 법의 광명 다라니이니 부사의한 모든 부처님 법을

조부사의제불법고　　삼매다라니　　보어현
照不思議諸佛法故며 三昧陀羅尼니 普於現

재일체불소　　청문정법　　심불란고
在一切佛所에 聽聞正法하야 心不亂故니라

원음다라니　　해료부사의음성어언고　　삼
圓音陀羅尼니 解了不思議音聲語言故며 三

세다라니　　연설삼세불가사의제불법고
世陀羅尼니 演說三世不可思議諸佛法故며

종종변재다라니　　연설무변제불법고　　출
種種辯才陀羅尼니 演說無邊諸佛法故며 出

생무애이다라니　　불가설불소설지법　　실
生無礙耳陀羅尼니 不可說佛所說之法을 悉

능문고　　일체불법다라니　　안주여래력무
能聞故며 一切佛法陀羅尼니 安住如來力無

외고
畏故니라

비추는 까닭이며, 삼매 다라니이니 널리 현재 일체 부처님 처소에서 바른 법을 들어 마음이 어지럽지 않은 까닭이다.

　원만한 음성 다라니이니 부사의한 음성과 말을 분명히 이해하는 까닭이며, 삼세 다라니이니 삼세의 불가사의한 모든 부처님 법을 연설하는 까닭이며, 갖가지 변재 다라니이니 가없는 모든 부처님 법을 연설하는 까닭이며, 걸림 없는 귀를 내는 다라니이니 말할 수 없는 부처님께서 설하신 법을 모두 능히 듣는 까닭이며, 일체 부처님 법 다라니이니 여래의 힘과 두려움 없음에 편안히 머무르는 까닭이다.

시위십
是爲十이니라

약제보살 욕득차법 당근수학
若諸菩薩이 欲得此法인댄 當勤修學이니라

불자 보살마하살 설십종불
佛子야 菩薩摩訶薩이 說十種佛하나니라

하등 위십
何等이 爲十고

소위성정각불 원불 업보불 주지불 열
所謂成正覺佛과 願佛과 業報佛과 住持佛과 涅

반불
槃佛이니라

법계불 심불 삼매불 본성불 수락
法界佛과 心佛과 三昧佛과 本性佛과 隨樂

이것이 열이다.

만약 모든 보살들이 이 법을 얻고자 하면 마땅히 부지런히 닦고 배워야 한다.

불자들이여, 보살마하살이 열 가지 부처님을 설한다.

무엇이 열인가?

이른바 바른 깨달음을 이루신 부처님과, 서원의 부처님과, 업보의 부처님과, 머물러 지니시는 부처님과, 열반하신 부처님이시다.

법계의 부처님과, 마음의 부처님과, 삼매의 부처님과, 본 성품의 부처님과, 따라 즐기시는

불
佛이니라

시위십
是爲十이니라

불자 보살마하살 발십종보현심
佛子야 **菩薩摩訶薩**이 **發十種普賢心**하나니라

하등 위십
何等이 **爲十**고

소위발대자심   구호일체중생고   발대비
所謂發大慈心이니 **救護一切衆生故**며 **發大悲**

심   대일체중생수고고   발일체시심
心이니 **代一切衆生受苦故**며 **發一切施心**이니

부처님이시다.

이것이 열이다.

불자들이여, 보살마하살이 열 가지 보현의 마음을 낸다.

무엇이 열인가?

이른바 대자의 마음을 내니 일체 중생을 구호하는 까닭이며, 대비의 마음을 내니 일체 중생을 대신하여 고통을 받는 까닭이며, 일체를 보시하는 마음을 내니 있는 바를 모두 버리는 까닭이며, 일체지를 으뜸이라고 생각하

悉捨所有故며 發念一切智爲首心이니 樂求一
切佛法故며 發功德莊嚴心이니 學一切菩薩行
故니라

發如金剛心이니 一切處受生호대 不忘失故며
發如海心이니 一切白淨法이 悉流入故며 發如
大山王心이니 一切惡言을 皆忍受故며 發安隱
心이니 施一切衆生無怖畏故며 發般若波羅蜜
究竟心이니 巧觀一切法無所有故니라

는 마음을 내니 일체 부처님 법을 즐겨 구하는 까닭이며, 공덕으로 장엄하는 마음을 내니 일체 보살행을 배우는 까닭이다.

 금강과 같은 마음을 내니 일체 처에 태어나되 잊지 않는 까닭이며, 바다와 같은 마음을 내니 일체 희고 깨끗한 법이 모두 흘러 들어가는 까닭이며, 큰 산왕과 같은 마음을 내니 일체 나쁜 말을 다 참고 받아들이는 까닭이며, 편안한 마음을 내니 일체 중생에게 두려움 없음을 베푸는 까닭이며, 반야바라밀의 구경의 마음을 내니 일체 법이 있는 바가 없음을 공교하게 관찰하는 까닭이다.

시위십
是爲十이니라

약제보살 안주차심 질득성취보현선교
若諸菩薩이 安住此心하면 疾得成就普賢善巧

지
智니라

불자 보살마하살 유십종보현행법
佛子야 菩薩摩訶薩이 有十種普賢行法하니라

하등 위십
何等이 爲十고

소위원주미래일체겁보현행법 원공양
所謂願住未來一切劫普賢行法과 願供養

공경미래일체불보현행법 원안치일체중
恭敬未來一切佛普賢行法과 願安置一切衆

이것이 열이다.

만약 모든 보살들이 이 마음에 편안히 머무르면 보현의 교묘한 지혜를 빨리 성취함을 얻는다.

불자들이여, 보살마하살이 열 가지 보현의 행하는 법이 있다.

무엇이 열인가?

이른바 미래의 일체 겁에 머무르기를 원하는 보현의 행하는 법이며, 미래의 일체 부처님께 공양올리고 공경하기를 원하는 보현의 행하는 법이며, 일체 중생을 보현 보살의 행에 편안하

생어보현보살행보현행법 원적집일체
生於普賢菩薩行普賢行法과 **願積集一切**

선근보현행법 원입일체바라밀보현행
善根普賢行法과 **願入一切波羅蜜普賢行**

법
法이니라

원만족일체보살행보현행법 원장엄일체
願滿足一切菩薩行普賢行法과 **願莊嚴一切**

세계보현행법 원생일체불찰보현행법
世界普賢行法과 **願生一切佛刹普賢行法**과

원선관찰일체법보현행법 원어일체불국
願善觀察一切法普賢行法과 **願於一切佛國**

토 성무상보리보현행법
土에 **成無上菩提普賢行法**이니라

시위십
是爲十이니라

게 두기를 원하는 보현의 행하는 법이며, 일체 선근을 모으기를 원하는 보현의 행하는 법이며, 일체 바라밀에 들어가기를 원하는 보현의 행하는 법이다.

일체 보살행을 만족하기를 원하는 보현의 행하는 법이며, 일체 세계를 장엄하기를 원하는 보현의 행하는 법이며, 일체 부처님 세계에 나기를 원하는 보현의 행하는 법이며, 일체 법을 잘 관찰하기를 원하는 보현의 행하는 법이며, 일체 부처님의 국토에서 위없는 보리 이루기를 원하는 보현의 행하는 법이다.

이것이 열이다.

약제보살　근수차법　　질득만족보현행
若諸菩薩이 勤修此法하면 疾得滿足普賢行

원
願이니라

불자　보살마하살　이십종관중생　　이기
佛子야 菩薩摩訶薩이 以十種觀衆生하야 而起

대비
大悲하나니라

하등　위십
何等이 爲十고

소위관찰중생　무의무호　　이기대비
所謂觀察衆生이 無依無怙하야 而起大悲하며

관찰중생　성부조순　　이기대비　　관찰
觀察衆生이 性不調順하야 而起大悲하며 觀察

만약 모든 보살들이 이 법을 부지런히 닦으면 보현의 행원을 빨리 만족함을 얻는다.

불자들이여, 보살마하살이 열 가지로 중생을 관찰하고 대비를 일으킨다.

무엇이 열인가?

이른바 중생이 의지할 데 없고 믿을 데 없음을 관찰하고 대비를 일으키며, 중생의 성품이 고르고 순하지 못함을 관찰하고 대비를 일으키며, 중생이 빈곤하여 선근이 없음을 관찰하고 대비를 일으키며, 중생이 긴 밤 동안 잠든 것을 관찰하고 대비를 일으키며, 중생이 착하

衆生중생이 貧無善根빈무선근하야 而起大悲이기대비하며 觀察衆生관찰중생이

長夜睡眠장야수면하야 而起大悲이기대비하며 觀察衆生관찰중생이 行不행불

善法선법하야 而起大悲이기대비하나라

觀察衆生관찰중생이 欲縛所縛욕박소박하야 而起大悲이기대비하며 觀察관찰

衆生중생이 沒生死海몰생사해하야 而起大悲이기대비하며 觀察衆生관찰중생이

長嬰疾苦장영질고하야 而起大悲이기대비하며 觀察衆生관찰중생이 無善무선

法欲법욕하야 而起大悲이기대비하며 觀察衆生관찰중생이 失諸佛法실제불법하야

而起大悲이기대비니라

지 못한 법을 행함을 관찰하고 대비를 일으킨다.

 중생이 욕심의 속박에 묶인 바를 관찰하고 대비를 일으키며, 중생이 생사의 바다에 빠짐을 관찰하고 대비를 일으키며, 중생이 질병의 괴로움에 길이 얽혔음을 관찰하고 대비를 일으키며, 중생이 착한 법에 욕망이 없음을 관찰하고 대비를 일으키며, 중생이 모든 부처님의 법을 잃어버림을 관찰하고 대비를 일으킨다.

 이것이 열이다.

 보살이 항상 이 마음으로써 중생을 관찰한

시 위 십
是爲十이니라

보살 항이차심 관찰중생
菩薩이 **恒以此心**으로 **觀察衆生**이니라

불자 보살마하살 유십종발보리심인연
佛子야 **菩薩摩訶薩**이 **有十種發菩提心因緣**하니라

하등 위십
何等이 **爲十**고

소위위교화조복일체중생고 발보리심
所謂爲敎化調伏一切衆生故로 **發菩提心**하며

위제멸일체중생고취고 발보리심 위여
爲除滅一切衆生苦聚故로 **發菩提心**하며 **爲與**

일체중생구족안락고 발보리심 위단일
一切衆生具足安樂故로 **發菩提心**하며 **爲斷一**

다.

불자들이여, 보살마하살이 열 가지 보리심을 내는 인연이 있다.

무엇이 열인가?

이른바 일체 중생을 교화하고 조복하기 위한 까닭으로 보리심을 내며, 일체 중생의 고통의 무더기를 멸하여 없애기 위한 까닭으로 보리심을 내며, 일체 중생에게 구족한 안락을 주기 위한 까닭으로 보리심을 내며, 일체 중생의 어리석음을 끊기 위한 까닭으로 보리심을 내며, 일체 중생에게 부처님의 지혜를 주기 위한

체중생우치고　　발보리심　　위여일체중생
切衆生愚癡故로 發菩提心하며 爲與一切衆生

불지고　　발보리심
佛智故로 發菩提心하나라

위공경공양일체제불고　　발보리심　　위수
爲恭敬供養一切諸佛故로 發菩提心하며 爲隨

여래교　　영불환희고　　발보리심　　위견
如來敎하야 令佛歡喜故로 發菩提心하며 爲見

일체불색신상호고　　발보리심　　위입일체
一切佛色身相好故로 發菩提心하며 爲入一切

불광대지혜고　　발보리심　　위현현제불력
佛廣大智慧故로 發菩提心하며 爲顯現諸佛力

무소외고　　발보리심
無所畏故로 發菩提心이니라

시위십
是爲十이니라

까닭으로 보리심을 낸다.

　일체 모든 부처님을 공경하고 공양올리기 위한 까닭으로 보리심을 내며, 여래의 가르침을 따라서 부처님께서 환희하시게 하기 위한 까닭으로 보리심을 내며, 일체 부처님의 색신과 상호를 보기 위한 까닭으로 보리심을 내며, 일체 부처님의 광대한 지혜에 들어가기 위한 까닭으로 보리심을 내며, 모든 부처님의 힘과 두려움 없음을 나타내기 위한 까닭으로 보리심을 낸다.

　이것이 열이다.

佛子야 若菩薩이 發無上菩提心인댄 爲悟入一

切智智故로 親近供養善知識時에 應起十種

心하나니라

何等이 爲十고

所謂起給侍心과 歡喜心과 無違心과 隨順心과

無異求心과 一向心과 同善根心과 同願心과 如

來心과 同圓滿行心이니라

是爲十이니라

불자들이여, 만약 보살이 위없는 보리심을 내면 일체지의 지혜에 깨달아 들어가기 위한 까닭으로 선지식을 친근하고 공양올릴 때에 마땅히 열 가지 마음을 일으켜야 한다.

무엇이 열인가?

이른바 시중드는 마음과, 환희하는 마음과, 어김이 없는 마음과, 수순하는 마음과, 달리 구함이 없는 마음과, 한결같은 마음과, 선근이 같은 마음과, 서원이 같은 마음과, 여래의 마음과, 원만한 행이 같은 마음을 일으키는 것이다.

이것이 열이다.

佛子야 若菩薩摩訶薩이 起如是心하면 則得十

種淸淨하나니라

何等이 爲十고

所謂深心淸淨이니 到於究竟하야 無失壞故며

色身淸淨이니 隨其所宜하야 爲示現故며 音聲

淸淨이니 了達一切諸語言故며 辯才淸淨이니

善說無邊諸佛法故며 智慧淸淨이니 捨離一切

愚癡暗故니라

불자들이여, 만약 보살마하살이 이와 같은 마음을 일으키면 곧 열 가지 청정함을 얻는다.

무엇이 열인가?

이른바 깊은 마음이 청정하니 끝까지 이르도록 없어지지 않는 까닭이며, 색신이 청정하니 그 마땅한 바를 따라서 나타내 보이기 위한 까닭이며, 음성이 청정하니 일체 모든 언어를 밝게 통달하는 까닭이며, 변재가 청정하니 가없는 모든 부처님 법을 잘 연설하는 까닭이며, 지혜가 청정하니 일체 어리석음의 어두움을 버리어 여의는 까닭이다.

受生淸淨이니 具足菩薩自在力故며 眷屬淸
淨이니 成就過去同行衆生諸善根故며 果報淸
淨이니 除滅一切諸業障故며 大願淸淨이니 與
諸菩薩로 性無二故며 諸行淸淨이니 以普賢乘으로
而出離故니라

是爲十이니라

佛子야 菩薩摩訶薩이 有十種波羅蜜하니라

태어남이 청정하니 보살의 자재한 힘을 구족하는 까닭이며, 권속이 청정하니 과거에 함께 행하던 중생들의 모든 선근을 성취하는 까닭이며, 과보가 청정하니 일체 모든 업장을 소멸하여 없애는 까닭이며, 큰 서원이 청정하니 모든 보살들과 더불어 성품이 둘이 없는 까닭이며, 모든 행이 청정하니 보현의 법으로써 벗어나는 까닭이다.

이것이 열이다.

불자들이여, 보살마하살이 열 가지 바라밀이 있다.

何等이 爲十고

所謂施波羅蜜이니 悉捨一切諸所有故며 戒波羅蜜이니 淨佛戒故며 忍波羅蜜이니 住佛忍故며

精進波羅蜜이니 一切所作이 不退轉故며 禪波羅蜜이니 念一境故니라

般若波羅蜜이니 如實觀察一切法故며 智波羅蜜이니 入佛力故며 願波羅蜜이니 滿足普賢諸大願故며 神通波羅蜜이니 示現一切自在用故며

무엇이 열인가?

이른바 시바라밀이니 일체 모든 가진 것을 다 버리는 까닭이며, 계바라밀이니 부처님의 계를 깨끗이 하는 까닭이며, 인바라밀이니 부처님의 인욕에 머무르는 까닭이며, 정진바라밀이니 일체 짓는 바에서 물러나지 않는 까닭이며, 선바라밀이니 하나의 경계를 생각하는 까닭이다.

반야바라밀이니 일체 법을 사실대로 관찰하는 까닭이며, 지바라밀이니 부처님의 힘에 들어가는 까닭이며, 원바라밀이니 보현의 모든 큰 서원을 만족하는 까닭이며, 신통바라밀이

법바라밀　　보입일체제불법고
法波羅蜜이니 普入一切諸佛法故니라

시위십
是爲十이니라

약제보살　 안주차법　　즉득구족여래무상
若諸菩薩이 安住此法하면 則得具足如來無上

대지바라밀
大智波羅蜜이니라

불자　 보살마하살　 유십종지수각
佛子야 菩薩摩訶薩이 有十種智隨覺이니라

하등　위십
何等이 爲十고

소위일체세계무량차별　 지수각　 일체중
所謂一切世界無量差別을 智隨覺과 一切衆

니 일체 자재한 작용을 나타내 보이는 까닭이며, 법바라밀이니 일체 모든 부처님 법에 널리 들어가는 까닭이다.

이것이 열이다.

만약 모든 보살들이 이 법에 편안히 머무르면 곧 여래의 위없는 큰 지혜바라밀을 구족하게 된다.

불자들이여, 보살마하살이 열 가지 지혜로 따라 깨달음이 있다.

무엇이 열인가?

이른바 일체 세계의 한량없는 차별을 지혜

生界不可思議를 智隨覺과 一切諸法의 一入種
種하고 種種入一을 智隨覺과 一切法界廣大를
智隨覺과 一切虛空界究竟을 智隨覺이니라

一切世界가 入過去世를 智隨覺과 一切世界가 入
未來世를 智隨覺과 一切世界가 入現在世를 智隨
覺이니라

一切如來의 無量行願을 皆於一智에 而得圓滿을
智隨覺과 三世諸佛이 皆同一行으로 而得出離를

로 따라 깨달음이며, 일체 중생계의 불가사의 함을 지혜로 따라 깨달음이며, 일체 모든 법이 하나가 갖가지에 들어가고 갖가지가 하나에 들어가는 것을 지혜로 따라 깨달음이며, 일체 법계의 광대함을 지혜로 따라 깨달음이며, 일체 허공계의 구경을 지혜로 따라 깨달음이다.

일체 세계가 과거 세계에 들어감을 지혜로 따라 깨달음이며, 일체 세계가 미래 세계에 들어감을 지혜로 따라 깨달음이며, 일체 세계가 현재 세계에 들어감을 지혜로 따라 깨달음이다.

지수각
智隨覺이니라

시위십
是爲十이니라

약제보살   안주차법   즉득일체법자재광
若諸菩薩이 安住此法하면 則得一切法自在光

명   소원개만   어일념경   실능해료일
明하야 所願皆滿하야 於一念頃에 悉能解了一

체불법   성등정각
切佛法하야 成等正覺이니라

불자   보살마하살   유십종증지
佛子야 菩薩摩訶薩이 有十種證知하나니라

하등   위십
何等이 爲十고

일체 여래의 한량없는 행과 원을 모두 한 지혜에서 원만함 얻음을 지혜로 따라 깨달음이며, 삼세 모든 부처님께서 다 같은 행으로 벗어남 얻으심을 지혜로 따라 깨달음이다.

이것이 열이다.

만약 모든 보살들이 이 법에 편안히 머무르면 곧 일체 법의 자재한 광명을 얻어서 원하는 바가 다 만족하여, 한 생각 사이에 일체 부처님 법을 모두 능히 밝게 알아 평등하고 바른 깨달음을 이룬다.

불자들이여, 보살마하살이 열 가지 증득하

所謂知一切法一相하며 知一切法無量相하며

知一切法在一念하며 知一切衆生의 心行無

礙하며 知一切衆生의 諸根平等하니라

知一切衆生의 煩惱習氣行하며 知一切衆生의

心使行하며 知一切衆生의 善不善行하며 知一

切菩薩의 願行自在하야 住持變化하며 知一切

如來의 具足十力하야 成等正覺이니라

是爲十이니라

여 앎이 있다.

무엇이 열인가?

이른바 일체 법이 한 모양임을 알며, 일체 법이 한량없는 모양임을 알며, 일체 법이 한 생각에 있음을 알며, 일체 중생의 마음 행이 걸림 없음을 알며, 일체 중생의 모든 근기가 평등함을 안다.

일체 중생의 번뇌와 습기의 행을 알며, 일체 중생의 마음 번뇌의 행을 알며, 일체 중생의 착하고 착하지 못한 행을 알며, 일체 보살의 원행이 자재하여 머물러 지니고 변화함을 알며, 일체 여래께서 십력을 구족하여 평등하고

약제보살 안주차법 즉득일체법선교방
若諸菩薩이 安住此法하면 則得一切法善巧方

편
便이니라

불자 보살마하살 유십종력
佛子야 菩薩摩訶薩이 有十種力하니라

하등 위십
何等이 爲十고

소위입일체법자성력 입일체법여화력
所謂入一切法自性力과 入一切法如化力과

입일체법여환력 입일체법개시불법력
入一切法如幻力과 入一切法皆是佛法力이니라

바른 깨달음 이루심을 안다.

이것이 열이다.

만약 모든 보살들이 이 법에 편안히 머무르면 곧 일체 법의 선교방편을 얻는다.

불자들이여, 보살마하살이 열 가지 힘이 있다.

무엇이 열인가?

이른바 일체 법이 제 성품임에 들어가는 힘과, 일체 법이 변화와 같음에 들어가는 힘과, 일체 법이 환과 같음에 들어가는 힘과, 일체 법이 모두 부처님 법임에 들어가는 힘이다.

어일체법　　무염착력　　　어일체법　　심명해력
於一切法에 無染著力과 於一切法에 甚明解力과

어일체선지식　　항불사리존중심력　　　영
於一切善知識에 恒不捨離尊重心力과　令

일체선근　　　순지무상지왕력　　어일체불법
一切善根으로 順至無上智王力과 於一切佛法에

심신불방력　　영일체지심　　불퇴선교력
深信不謗力과 令一切智心으로 不退善巧力이니라

시위십
是爲十이니라

약제보살　안주차법　　즉구여래무상제력
若諸菩薩이 安住此法하면 則具如來無上諸力이니라

불자　　보살마하살　　유십종평등
佛子야 菩薩摩訶薩이 有十種平等하니라

일체 법에 물들어 집착하지 않는 힘과, 일체 법을 매우 밝게 아는 힘과, 일체 선지식을 항상 떠나지 않고 존중하는 마음의 힘과, 일체 선근이 위없는 지혜 왕을 따라 이르게 하는 힘과, 일체 부처님 법을 깊이 믿고 비방하지 않는 힘과, 일체 지혜의 마음이 물러나지 않게 하는 공교한 힘이다.

이것이 열이다.

만약 모든 보살들이 이 법에 편안히 머무르면 곧 여래의 위없는 모든 힘을 갖춘다.

불자들이여, 보살마하살이 열 가지 평등함이

하등 위십
何等이 爲十고

소위어일체중생 평등 일체법 평등
所謂於一切衆生에 平等하며 一切法에 平等하며

일체찰 평등 일체심심 평등 일체선
一切刹에 平等하며 一切深心에 平等하며 一切善

근 평등
根에 平等하니라

일체보살 평등 일체원 평등 일체바라
一切菩薩에 平等하며 一切願에 平等하며 一切波羅

밀 평등 일체행 평등 일체불 평등
蜜에 平等하며 一切行에 平等하며 一切佛에 平等이니라

시위십
是爲十이니라

약제보살 안주차법 즉득일체제불무상
若諸菩薩이 安住此法하면 則得一切諸佛無上

있다.

무엇이 열인가?

이른바 일체 중생에 평등함과, 일체 법에 평등함과, 일체 세계에 평등함과, 일체 깊은 마음에 평등함과, 일체 선근에 평등함이다.

일체 보살에 평등함과, 일체 원에 평등함과, 일체 바라밀에 평등함과, 일체 행에 평등함과, 일체 부처님에 평등함이다.

이것이 열이다.

만약 모든 보살들이 이 법에 편안히 머무르면 곧 일체 모든 부처님의 위없는 평등한 법을

평등
平等法이니라

불자 보살마하살 유십종불법실의구
佛子야 菩薩摩訶薩이 有十種佛法實義句하니라

하등 위십
何等이 爲十고

소위일체법 단유명 일체법 유여환
所謂一切法이 但有名이며 一切法이 猶如幻이며

일체법 유여영 일체법 단연기 일체
一切法이 猶如影이며 一切法이 但緣起며 一切

법 업청정
法이 業淸淨이니라

일체법 단문자소작 일체법 실제 일체
一切法이 但文字所作이며 一切法이 實際며 一切

얻는다.

불자들이여, 보살마하살이 열 가지 부처님 법의 진실한 이치의 구절이 있다.

무엇이 열인가?

이른바 일체 법의 단지 이름만 있음과, 일체 법의 마치 요술과 같음과, 일체 법의 마치 그림자와 같음과, 일체 법의 단지 인연으로 일어남과, 일체 법의 업이 청정함이다.

일체 법의 단지 문자로만 지어짐과, 일체 법의 진실한 경계임과, 일체 법의 모양이 없음과, 일체 법의 제일가는 뜻과, 일체 법의 법계

법　　　무상　　　일체법　　　제일의　　　일체법　　　법계
法이 無相이며 一切法이 第一義며 一切法이 法界니라

시위십
是爲十이니라

약제보살　　　안주차법　　　　　즉선입일체지지무
若諸菩薩이 安住此法하면 則善入一切智智無

상진실의
上眞實義니라

불자　　보살마하살　　　　설십종법
佛子야 菩薩摩訶薩이 說十種法하나니라

하등　　위십
何等이 爲十고

소위설심심법　　　　설광대법　　　　설종종법
所謂說甚深法하며 說廣大法하며 說種種法하며

이다.

이것이 열이다.

만약 모든 보살들이 이 법에 편안히 머무르면 곧 일체지의 지혜인 위없는 진실한 이치에 잘 들어간다.

불자들이여, 보살마하살이 열 가지 법을 설한다.

무엇이 열인가?

이른바 매우 깊은 법을 설하며, 넓고 큰 법을 설하며, 갖가지 법을 설하며, 일체 지혜의 법을 설하며, 바라밀을 따르는 법을 설한

설일체지법　　설수순바라밀법
說一切智法하며 說隨順波羅蜜法하나라

설출생여래력법　　설삼세상응법　　설령
說出生如來力法하며 說三世相應法하며 說令

보살불퇴법　　설찬탄불공덕법　　설일체
菩薩不退法하며 說讚歎佛功德法하며 說一切

보살　학일체불평등　　일체여래경계상응
菩薩이 學一切佛平等하야 一切如來境界相應

법
法이니라

시위십
是爲十이니라

약제보살　안주차법　　즉득여래무상교설
若諸菩薩이 安住此法하면 則得如來無上巧說

법
法이니라

다.

　여래의 힘을 내는 법을 설하며, 삼세와 서로 응하는 법을 설하며, 보살이 물러나지 않게 하는 법을 설하며, 부처님의 공덕을 찬탄하는 법을 설하며, 일체 보살이 일체 부처님의 평등함을 배워서 일체 여래의 경계와 서로 응하는 법을 설한다.

　이것이 열이다.

　만약 모든 보살들이 이 법에 편안히 머무르면 곧 여래의 위없이 공교하게 설하시는 법을 얻는다.

불자 보살마하살 유십종지
佛子야 菩薩摩訶薩이 有十種持하니라

하등 위십
何等이 爲十고

소위지소집일체복덕선근 지일체여래소
所謂持所集一切福德善根하며 持一切如來所

설법 지일체비유 지일체법이취문
說法하며 持一切譬諭하며 持一切法理趣門하며

지일체출생다라니문
持一切出生陀羅尼門하니라

지일체제의혹법 지성취일체보살법
持一切除疑惑法하며 持成就一切菩薩法하며

지일체여래소설평등삼매문 지일체법조
持一切如來所說平等三昧門하며 持一切法照

명문 지일체제불신통유희력
明門하며 持一切諸佛神通遊戲力이니라

불자들이여, 보살마하살이 열 가지 지님이 있다.

무엇이 열인가?

이른바 모아 놓은 일체 복덕과 선근을 지니며, 일체 여래께서 설하신 법을 지니며, 일체 비유를 지니며, 일체 법의 이치에 나아가는 문을 지니며, 일체를 출생하는 다라니문을 지닌다.

일체 의혹을 없애는 법을 지니며, 일체 보살을 성취하는 법을 지니며, 일체 여래께서 설하신 평등한 삼매문을 지니며, 일체 법을 밝게 비추는 문을 지니며, 일체 모든 부처님의 신통

시 위 십
是爲十이니라

약 제 보 살　안 주 차 법　　즉 득 여 래 무 상 대 지
若諸菩薩이　**安住此法**하면　**則得如來無上大智**

주 지 력
住持力이니라

불 자　보 살 마 하 살　유 십 종 변 재
佛子야　**菩薩摩訶薩**이　**有十種辯才**하니라

하 등　　위 십
何等이　**爲十**고

소 위 어 일 체 법　무 분 별 변 재　어 일 체 법　무
所謂於一切法에　**無分別辯才**와　**於一切法**에　**無**

소 작 변 재　어 일 체 법　무 소 착 변 재　어 일 체
所作辯才와　**於一切法**에　**無所著辯才**와　**於一切**

으로 유희하는 힘을 지닌다.

이것이 열이다.

만약 모든 보살들이 이 법에 편안히 머무르면 곧 여래의 위없는 큰 지혜로 머물러 지니는 힘을 얻는다.

불자들이여, 보살마하살이 열 가지 변재가 있다.

무엇이 열인가?

이른바 일체 법에 분별이 없는 변재와, 일체 법에 짓는 바가 없는 변재와, 일체 법에 집착하는 바가 없는 변재와, 일체 법에 공함을 밝

法_에 了達空辯才_와 於一切法_에 無疑暗辯才_{니라}

於一切法_에 佛加被辯才_와 於一切法_에 自覺悟

辯才_와 於一切法_에 文句差別善巧辯才_와 於一

切法_에 眞實說辯才_와 隨一切衆生心_{하야} 令歡

喜辯才_{니라}

是爲十_{이니라}

若諸菩薩_이 安住此法_{하면} 則得如來無上巧妙

辯才_{니라}

게 통달하는 변재와, 일체 법에 의심의 어두움이 없는 변재이다.

일체 법에 부처님께서 가피하시는 변재와, 일체 법에 스스로 깨닫는 변재와, 일체 법에 문구가 차별하고 교묘한 변재와, 일체 법에 진실하게 설하는 변재와, 일체 중생의 마음을 따라 환희하게 하는 변재이다.

이것이 열이다.

만약 모든 보살들이 이 법에 편안히 머무르면 곧 여래의 위없이 교묘한 변재를 얻는다.

불자 보살마하살 유십종자재
佛子야 菩薩摩訶薩이 有十種自在하니라

하등 위십
何等이 爲十고

소위교화조복일체중생자재   보조일체법
所謂敎化調伏一切衆生自在와 普照一切法

자재   수일체선근행자재   광대지자재   무
自在와 修一切善根行自在와 廣大智自在와 無

소의계자재
所依戒自在니라

일체선근회향보리자재   정진불퇴전자재
一切善根迴向菩提自在와 精進不退轉自在와

지혜최파일체중마자재   수소낙욕   영발
智慧摧破一切衆魔自在와 隨所樂欲하야 令發

보리심자재   수소응화   현성정각자재
菩提心自在와 隨所應化하야 現成正覺自在니라

불자들이여, 보살마하살이 열 가지 자재가 있다.

무엇이 열인가?

이른바 일체 중생을 교화하고 조복하는 자재와, 일체 법을 널리 비추는 자재와, 일체 선근의 행을 닦는 자재와, 넓고 큰 지혜의 자재와, 의지할 바 없는 계의 자재이다.

일체 선근을 보리에 회향하는 자재와, 정진하여 물러나지 않는 자재와, 지혜로 일체 온갖 마들을 꺾어 깨뜨리는 자재와, 즐기고 바라는 바를 따라서 보리심을 내게 하는 자재와, 응

시 위 십
是爲十이니라

약제보살   안주차법   즉득여래무상대지
若諸菩薩이 **安住此法**하면 **則得如來無上大智**

자재
自在니라

불자   보살마하살   유십종무착
佛子야 **菩薩摩訶薩**이 **有十種無著**하니라

하등   위십
何等이 **爲十**고

소위어일체세계   무착   어일체중생   무
所謂於一切世界에 **無著**하며 **於一切衆生**에 **無**

착   어일체법   무착   어일체소작   무
著하며 **於一切法**에 **無著**하며 **於一切所作**에 **無**

당 교화할 바를 따라 바른 깨달음 이룸을 나타내는 자재이다.

이것이 열이다.

만약 모든 보살들이 이 법에 편안히 머무르면 곧 여래의 위없는 큰 지혜의 자재를 얻는다.

불자들이여, 보살마하살이 열 가지 집착 없음이 있다.

무엇이 열인가?

이른바 일체 세계에 집착이 없으며, 일체 중생에 집착이 없으며, 일체 법에 집착이 없으

著하며 於一切善根에 無著하나라

於一切受生處에 無著하며 於一切願에 無著하며

於一切行에 無著하며 於一切菩薩에 無著하며 於

一切佛에 無著이니라

是爲十이니라

若諸菩薩이 安住此法하면 則能速轉一切衆

想하야 得無上淸淨智慧니라

며, 일체 짓는 바에 집착이 없으며, 일체 선근에 집착이 없다.

일체 태어나는 곳에 집착이 없으며, 일체 원에 집착이 없으며, 일체 행에 집착이 없으며, 일체 보살에 집착이 없으며, 일체 부처님께 집착이 없다.

이것이 열이다.

만약 모든 보살들이 이 법에 편안히 머무르면 곧 능히 일체 온갖 생각을 빨리 전환하여 위없는 청정한 지혜를 얻는다.

불자 보살마하살 유십종평등심
佛子야 菩薩摩訶薩이 有十種平等心하니라

하등 위십
何等이 爲十고

소위적집일체공덕평등심 발일체차별원
所謂積集一切功德平等心과 發一切差別願

평등심 어일체중생신 평등심 어일체중
平等心과 於一切衆生身에 平等心과 於一切衆

생업보 평등심 어일체법 평등심
生業報에 平等心과 於一切法에 平等心이니라

어일체정예국토 평등심 어일체중생해
於一切淨穢國土에 平等心과 於一切衆生解에

평등심 어일체행 무소분별평등심 어일
平等心과 於一切行에 無所分別平等心과 於一

체불력무외 평등심 어일체여래지혜 평
切佛力無畏에 平等心과 於一切如來智慧에 平

불자들이여, 보살마하살이 열 가지 평등한 마음이 있다.

무엇이 열인가?

이른바 일체 공덕을 모으는 평등한 마음과, 일체 차별한 서원을 내는 평등한 마음과, 일체 중생의 몸에 평등한 마음과, 일체 중생의 업보에 평등한 마음과, 일체 법에 평등한 마음이다.

일체 깨끗하고 더러운 국토에 평등한 마음과, 일체 중생의 이해에 평등한 마음과, 일체 행에 분별하는 바 없는 평등한 마음과, 일체 부처님의 힘과 두려움 없음에 평등한

등심
等心이니라

시위십
是爲十이니라

약제보살　안주기중　　즉득여래무상대평
若諸菩薩이 **安住其中**하면 **則得如來無上大平**

등심
等心이니라

불자　보살마하살　유십종출생지혜
佛子야 **菩薩摩訶薩**이 **有十種出生智慧**하니라

하등　위십
何等이 **爲十**고

소위지일체중생해출생지혜　　지일체불찰
所謂知一切衆生解出生智慧와 **知一切佛刹**

마음과, 일체 여래의 지혜에 평등한 마음이다.

이것이 열이다.

만약 모든 보살들이 그 가운데 편안히 머무르면 곧 여래의 위없이 크게 평등한 마음을 얻는다.

불자들이여, 보살마하살이 열 가지 출생하는 지혜가 있다.

무엇이 열인가?

이른바 일체 중생의 이해를 알고 출생하는 지혜와, 일체 부처님 세계의 갖가지 차별을

종종차별출생지혜　　지시방망분제출생지
種種差別出生智慧와 **知十方網分齊出生智**

혜　　지복앙등일체세계출생지혜　　지일체
慧와 **知覆仰等一切世界出生智慧**와 **知一切**

법일성종종성광대주출생지혜
法一性種種性廣大住出生智慧니라

지일체종종신출생지혜　　지일체세간전도
知一切種種身出生智慧와 **知一切世間顚倒**

망상　실무소착출생지혜　　지일체법　구경
妄想에 **悉無所著出生智慧**와 **知一切法**이 **究竟**

개이일도출리출생지혜　　지여래신력　　능
皆以一道出離出生智慧와 **知如來神力**이 **能**

입일체법계출생지혜　　지삼세일체중생
入一切法界出生智慧와 **知三世一切衆生**의

불종부단출생지혜
佛種不斷出生智慧니라

알고 출생하는 지혜와, 시방의 그물의 분제를 알고 출생하는 지혜와, 엎어지고 잦혀지는 등의 일체 세계를 알고 출생하는 지혜와, 일체 법의 한 성품과 갖가지 성품이 광대하게 머무름을 알고 출생하는 지혜이다.

 일체 갖가지 몸을 알고 출생하는 지혜와, 일체 세간의 뒤바뀐 허망한 생각이 모두 집착할 바가 없음을 알고 출생하는 지혜와, 일체 법이 구경에는 다 한 길로 벗어남을 알고 출생하는 지혜와, 여래의 위신력이 일체 법계에 능히 들어감을 알고 출생하는 지혜와, 삼세 일체 중생의 부처님 종자가 끊이지 않음을 알고 출생하

시위십
是爲十이니라

약제보살   안주차법   즉어제법   무불요달
若諸菩薩이 **安住此法**하면 **則於諸法**에 **無不了達**이니라

불자   보살마하살   유십종변화
佛子야 **菩薩摩訶薩**이 **有十種變化**하니라

하등   위십
何等이 **爲十**고

소위일체중생변화   일체신변화   일체찰
所謂一切衆生變化와 **一切身變化**와 **一切刹**

변화   일체공양변화   일체음성변화
變化와 **一切供養變化**와 **一切音聲變化**니라

일체행원변화   일체교화조복중생변화
一切行願變化와 **一切敎化調伏衆生變化**와

는 지혜이다.

이것이 열이다.

만약 모든 보살들이 이 법에 편안히 머무르면 곧 모든 법에 밝게 통달하지 못함이 없다.

불자들이여, 보살마하살이 열 가지 변화가 있다.

무엇이 열인가?

이른바 일체 중생의 변화와, 일체 몸의 변화와, 일체 세계의 변화와, 일체 공양의 변화와, 일체 음성의 변화이다.

일체성정각변화   일체설법변화   일체가
一切成正覺變化와 一切說法變化와 一切加

지변화
持變化니라

시위십
是爲十이니라

약제보살   안주차법   즉득구족일체무상
若諸菩薩이 安住此法하면 則得具足一切無上

변화법
變化法이니라

불자   보살마하살   유십종력지
佛子야 菩薩摩訶薩이 有十種力持하니라

일체 행과 원의 변화와, 일체 중생을 교화하고 조복하는 변화와, 일체 바른 깨달음을 이루는 변화와, 일체 법을 설하는 변화와, 일체 가지하는 변화이다.

이것이 열이다.

만약 모든 보살들이 이 법에 편안히 머무르면 곧 일체 위없는 변화하는 법을 구족하게 된다.

불자들이여, 보살마하살이 열 가지 힘으로 지님이 있다.

하등 위십
何等이 爲十고

소위불력지 법력지 중생력지 업력지
所謂佛力持와 法力持와 衆生力持와 業力持와

행력지 원력지 경계력지 시력지 선력
行力持와 願力持와 境界力持와 時力持와 善力

지 지력지
持와 智力持니라

시위십
是爲十이니라

약제보살 안주차법 즉어일체법 득무
若諸菩薩이 安住此法하면 則於一切法에 得無

상자재력지
上自在力持니라

〈大方廣佛華嚴經 卷第五十三〉

무엇이 열인가?

이른바 부처님의 힘으로 지님과, 법의 힘으로 지님과, 중생의 힘으로 지님과, 업의 힘으로 지님과, 행의 힘으로 지님과, 원의 힘으로 지님과, 경계의 힘으로 지님과, 시간의 힘으로 지님과, 착한 힘으로 지님과, 지혜의 힘으로 지님이다.

이것이 열이다.

만약 모든 보살들이 이 법에 편안히 머무르면 곧 일체 법에 위없는 자재한 힘으로 지님을 얻는다."

〈대방광불화엄경 제53권〉

大方廣佛華嚴經
부록

- 대방광불화엄경 목차

- 간행사

대방광불화엄경
목차

〈제1회〉

제1권　제1품　세주묘엄품 [1]

제2권　제1품　세주묘엄품 [2]

제3권　제1품　세주묘엄품 [3]

제4권　제1품　세주묘엄품 [4]

제5권　제1품　세주묘엄품 [5]

제6권　제2품　여래현상품

제7권　제3품　보현삼매품
　　　　제4품　세계성취품

제8권　제5품　화장세계품 [1]

제9권　제5품　화장세계품 [2]

제10권　제5품　화장세계품 [3]

제11권　제6품　비로자나품

〈제2회〉

제12권　제7품　여래명호품
　　　　제8품　사성제품

제13권　제9품　광명각품
　　　　제10품　보살문명품

제14권　제11품　정행품
　　　　제12품　현수품 [1]

제15권　제12품　현수품 [2]

〈제3회〉

제16권　제13품　승수미산정품
　　　　제14품　수미정상게찬품
　　　　제15품　십주품

제17권　제16품　범행품
　　　　제17품　초발심공덕품

제18권　제18품　명법품

〈제4회〉

제19권 제19품 승야마천궁품

제20품 야마궁중게찬품

제21품 십행품 [1]

제20권 제21품 십행품 [2]

제21권 제22품 십무진장품

〈제5회〉

제22권 제23품 승도솔천궁품

제23권 제24품 도솔궁중게찬품

제25품 십회향품 [1]

제24권 제25품 십회향품 [2]

제25권 제25품 십회향품 [3]

제26권 제25품 십회향품 [4]

제27권 제25품 십회향품 [5]

제28권 제25품 십회향품 [6]

제29권 제25품 십회향품 [7]

제30권 제25품 십회향품 [8]

제31권 제25품 십회향품 [9]

제32권 제25품 십회향품 [10]

제33권 제25품 십회향품 [11]

〈제6회〉

제34권 제26품 십지품 [1]

제35권 제26품 십지품 [2]

제36권 제26품 십지품 [3]

제37권 제26품 십지품 [4]

제38권 제26품 십지품 [5]

제39권 제26품 십지품 [6]

〈제7회〉

제40권 제27품 십정품 [1]

제41권 제27품 십정품 [2]

제42권 제27품 십정품 [3]

제43권 제27품 십정품 [4]

제44권 제28품 십통품

제29품 십인품

제45권 제30품 아승지품

제31품 수량품

제32품 제보살주처품

제46권 제33품 불부사의법품 [1]

제47권 제33품 불부사의법품 [2]

제48권	제34품	여래십신상해품
제35품	여래수호광명공덕품
제49권	제36품	보현행품
제50권	제37품	여래출현품 [1]
제51권	제37품	여래출현품 [2]
제52권	제37품	여래출현품 [3]

〈제8회〉

제53권   제38품   이세간품 [1]

제54권   제38품   이세간품 [2]

제55권   제38품   이세간품 [3]

제56권   제38품   이세간품 [4]

제57권   제38품   이세간품 [5]

제58권   제38품   이세간품 [6]

제59권   제38품   이세간품 [7]

〈제9회〉

제60권   제39품   입법계품 [1]

제61권   제39품   입법계품 [2]

제62권   제39품   입법계품 [3]

제63권   제39품   입법계품 [4]

제64권   제39품   입법계품 [5]

제65권   제39품   입법계품 [6]

제66권   제39품   입법계품 [7]

제67권   제39품   입법계품 [8]

제68권   제39품   입법계품 [9]

제69권   제39품   입법계품 [10]

제70권   제39품   입법계품 [11]

제71권   제39품   입법계품 [12]

제72권   제39품   입법계품 [13]

제73권   제39품   입법계품 [14]

제74권   제39품   입법계품 [15]

제75권   제39품   입법계품 [16]

제76권   제39품   입법계품 [17]

제77권   제39품   입법계품 [18]

제78권   제39품   입법계품 [19]

제79권   제39품   입법계품 [20]

제80권   제39품   입법계품 [21]

간행사

　귀의삼보 하옵고,

　『대방광불화엄경』의 수지 독송과 유통을 발원하면서 수미정사 불전연구원에서『독송본 한문·한글역 대방광불화엄경』과『사경본 한글역 대방광불화엄경』을 편찬하여 간행하게 되었습니다.

　『화엄경』은 우리나라에 전래된 이래 일찍부터 사경되고 주석·강설되어 왔으며 근현대에 이르러서는『화엄경』의 한글 번역과 연구도 부쩍 많이 이루어졌습니다. 그만큼『화엄경』이 우리 불자님들의 신행과 해탈에 큰 의지처가 되었던 것임을 알 수 있습니다.

　『화엄경』을 독송하고 사경하는 공덕은 설법 공덕과 함께 크게 강조되어 왔습니다. 그리하여 수미정사 불전연구원에서도『화엄경』(80권)을 독송하고 사경하는 데 도움이 되도록 한문 원문과 한글역을 함께 수록한 독송본과 한글역의 사경본『화엄경』간행불사를 발원하였습니다. 이『화엄경』간행불사에 뜻을 같이하여 적극 후원해주신 스님들과 재가 불자님들께 깊이 감사드립니다. 또한『화엄경』을 수지 독송할 수 있도록 경책의 모습으로 장엄해 주신 편집위원들과 담앤북스 출판사 관계자들께도 고마움을 표합니다.

　끝으로 이 불사의 원만 회향으로『화엄경』이 널리 유통되고, 온 법계에 부처님의 가피가 충만하시길 기원드립니다.

　나무 대방광불화엄경

불기 2564년 '부처님오신날'을 봉축하며
수미해주 합장

위태천신(동진보살)

수미해주 須彌海住

호거산 운문사에서 성관 스님을 은사로 출가, 석암 대화상을 계사로 사미니계 수계, 월하 전계사를 계사로 비구니계 수계, 계룡산 동학사 전문강원 졸업, 동국대학교 불교대학 및 동 대학원 졸업, 철학박사, 가산지관 대종사에게서 전강, 동국대학교 불교대학 교수, 동학승가대학 학장 및 화엄학림 하림장, 중앙승가대학교 법인이사 역임.
(현) 수미정사 주지, 동국대학교 명예교수.
저·역서로 『의상화엄사상사연구』, 『화엄의 세계』, 『정선 원효』, 『정선 화엄1』, 『정선 지눌』, 『법계도기총수록』, 『해주스님의 법성게 강설』 등 다수.

독송본 한문·한글역
대방광불화엄경 제53권

| 초판 1쇄 발행_ 2025년 2월 24일

| 엮 은 이_ 수미해주
| 엮 은 곳_ 수미정사 불전연구원
| 편집위원_ 해주 수정 경진 선초 정천 석도 박보람 최원섭
| 편 집 보_ 무이 무진 지욱 혜명

| 펴 낸 이_ 오세룡
| 펴 낸 곳_ 담앤북스
　　　　　서울특별시 종로구 새문안로3길 23 경희궁의 아침 4단지 805호
　　　　　대표전화 02)765-1251 전자우편 dhamenbooks@naver.com
　　　　　출판등록 제300-2011-115호
| ISBN_ 979-11-6201-904-7 04220

이 책은 저작권 법에 따라 보호받는 저작물이므로 무단전재와 복제를 금합니다.
이 책 내용의 전부 또는 일부를 이용하려면 반드시 저작권자와 담앤북스의 서면 동의를 받아야 합니다.

정가 15,000원
ⓒ 수미해주 2025